Le Livre de Poche
Jeunesse

Gine Victor Leclercq, d'origine belge, grandit dans le nord de la France. Son père était ingénieur des mines ; ce sera aussi la profession de son mari et, plus tard, de son fils aîné. Elle partit après son mariage pour la Chine du Nord, où elle allait vivre plus de quinze ans, d'abord en pays mongol puis à T'ien Tsin, grand port et centre industriel proche de Pékin. Elle connut alors une dure épreuve : seize mois de détention dans un camp japonais avec son mari et ses quatre enfants. De retour en Europe, bientôt veuve, Gine Victor Leclercq commença à écrire pour les jeunes. *Va comme le vent* lui valut une des récompenses les plus importantes de l'époque : le Prix Jeunesse.

Va comme le vent

Gine Victor Leclercq

Va comme le vent

ou les aventures d'un jeune cavalier mongol

Couverture et illustrations
de Henriette Munière

Éditions Bourrelier

A PAT, mon petit dernier,
Que cette histoire,
écrite pour lui,
lui donne le goût de la lecture.

Sibérie
Mer du Japon
Mongolie-Extérieure
Mongolie-Intérieure
Mongolie-
Oum-Tchim-Sin
Pékin
Chine
Tibet
Inde
Indo-Chine
Océan
Indien
Mer de
Chine

L'histoire que je vais raconter est vraie. Elle est arrivée il y a cinquante ans environ et a eu pour cadre le plateau de Oum-Tchim-Sin, en Mongolie intérieure.

De nos jours la Mongolie se modernise mais au temps où Kumbo dressait son petit poney noir, les nomades de ces steppes immenses vivaient encore comme avaient vécu leurs pères et les pères de leurs pères... Plantant leurs tentes de feutre au gré des points d'eau et des pâturages, ils surveillaient leurs immenses troupeaux de moutons, de chameaux, de petits chevaux à demi sauvages et galopaient à longueur de jour aux quatre coins de leur domaine. Les descendants des terribles guerriers de Gengis Khan étaient devenus un peuple de pasteurs paisibles.

« Le petit noir »

La pleine lune éclaire la steppe. Là-bas, au sommet d'un mamelon, semblables à autant de petits points noirs, des chevaux sauvages se détachent sur le ciel nocturne.

Conduit par un robuste étalon, le troupeau broute silencieusement, avance pas à pas, comme à regret, tourne en rond et revient à son point de départ. De temps en temps, l'étalon s'arrête ; cou tendu, oreilles dressées, il ausculte la nuit : on dirait qu'il attend quelqu'un.

Au coucher du soleil, une jument a fui le troupeau. D'habitude, lorsqu'une de ses épouses tente de s'évader, prestement, d'un coup de tête, le vieux mâle l'oblige à rentrer dans les rangs. Cette fois, il a laissé faire, car le temps était venu.

Un peu plus loin, derrière un bosquet de jeunes saules, un poulain vient de naître. Il est couché sur la terre nue... D'une langue affairée, râpeuse, sa mère le lèche et sent son cœur se gonfler de tendresse.

A plusieurs lis [1] de là, vers le sud, une trentaine de yourtes [2] grises se cachent derrière un pli de terrain. Dans la tente du chef, un peu plus vaste, un peu plus belle que les autres, couché sur son lit de fourrure, Kumbo sourit en dormant.

A quoi rêve le jeune Mongol?

A l'herbe fraîche, aux jours d'été pleins de soleil, aux belles galopades d'hiver alors que les sabots de la monture résonnent comme des cloches sur le sol gelé. A la course qui s'organisera à la lamasserie [3] le jour de la fête du Tchim [4] et qu'il espère bien gagner si le chef lui prête un cheval docile à son commandement et assez fougueux pour pouvoir surpasser les autres.

« Ah ! soupire Kumbo, comme je voudrais que père me donne une monture : un cheval que j'aurais dressé, qui obéirait à ma voix et dont je serais le seul ami ! »

1. Mesure de longueur valant plus de 420 mètres.

2. Tente de feutre gris qui sert d'habitation aux Mongols nomades.

3. Monastère des lamas ou prêtres bouddhistes.

4. Fête qui se situe au solstice d'été et où les Mongols organisent des courses de chevaux.

Il le voit déjà, son poney : sa queue balaiera le sol, sa crinière s'agitera à la brise, ses jambes seront robustes et flexibles : « Il ne galope pas, il avale l'espace, il vole, aussi rapide que le vent. »

Le jeune Kumbo ne se doute pas que là-bas, au nord du plateau, le cheval de ses rêves est né.

Du côté de la montagne, saccadé, sinistre, féroce, retentit le long cri de chasse du loup. L'étalon a dressé la tête, il hennit vers le bosquet. Par de légers coups de tête, la jument essaie de faire comprendre à son enfant qu'il faut maintenant se lever, trotter, rejoindre le troupeau où il sera en sécurité ; le poulain arc-boute ses longues jambes, se redresse à demi, glisse et s'affaisse sur les genoux.

Sa mère s'efforce de l'encourager : « Encore

Un poulain vient de naître.

un effort, voyons. Là, ça va mieux, tu y es presque... Tu y es, bravo, petit ! »

Et voilà le poulain debout sur ses pattes écartées, tremblantes ; son poil est aussi noir que la nuit, dans la pénombre ses sabots luisent comme des perles et sa petite queue tire-bouchonnée a l'air de sortir d'un bigoudi.

Le hurlement du loup s'élève encore et, cette fois, il est plus proche, plus hargneux. L'appel de l'étalon se fait impératif... Un hennissement léger lui répond ; éclairée en plein par la lune, la jument arrive à pas mesurés et, trébuchant, flageolant sur ses jambes molles, son petit trotte à ses côtés. Le troupeau s'ouvre pour les recevoir ; mère et fils se précipitent, se perdent dans la masse de leurs compagnons : ils sont en sécurité.

Kumbo a, lui aussi, entendu les hurlements et son rêve a changé d'objet. Il s'imagine forçant une bande de gros loups féroces : « Encore un hiver, se dit-il, et j'aurai quatorze ans, l'âge où l'on peut partir à la chasse avec les hommes. »

Bien qu'il dorme dans la grande tente, Kumbo n'est pas le fils du chef. Il y a de cela cinq hivers, lorsque la « maladie noire [1] » décima la région, chacun se terra chez soi, pour éviter les nomades voisins qui pouvaient apporter le mal ; puis le mauvais vent souffla ailleurs laissant les familles en deuil et un homme d'un groupement proche

1. Typhus exanthématique.

s'en alla trouver le chef Gengisser dont il connaissait le bon cœur.

« Le malheur nous a frappés durement, annonça-t-il. Dans la yourte voisine de la mienne le père est mort avec la mère et les deux petites filles ; il ne reste plus que Kumbo, un enfant de huit ans qui ne pourrait vivre seul. J'ai déjà recueilli trois orphelins et je n'ai vraiment plus de place pour lui...

— Mon fils aîné tarde à me donner un petit-fils, répondit Gengisser, et depuis que mon second fils est parti à la lamasserie pour apprendre les écrits sacrés, il manque un jeune garçon dans ma yourte : amène-nous cet enfant, ma femme sera heureuse de s'occuper de lui et ma petite Surong aura un compagnon de son âge. »

Et sans phrases inutiles, simplement, généreusement — on est ainsi en Mongolie — le chef avait adopté l'enfant.

L'autorité de Gengisser est établie sur la trentaine de tentes de feutre gris qui se serrent autour de la sienne comme des poussins autour d'une poule. Leurs habitants se partagent la surveillance et l'entretien des troupeaux communs : quelques centaines de moutons pacifiques, quatre douzaines de vaches laitières, à peu près cinquante chameaux et une manade de chevaux fougueux. Quand l'herbe se dessèche ou se fait rare, on démonte les tentes et l'on s'en va un peu plus loin chercher des pâturages mieux fournis : ces pasteurs et leurs familles forment une sorte de village errant.

Sont-ils pauvres, sont-ils riches ? Ils n'en savent rien et si on le leur demandait ils seraient bien étonnés car ils ne réalisent même pas ce que cela veut dire : ils mangent toujours à leur faim, le thé beurré [1] ne manque pas, le lait aigri non plus ; de temps en temps on égorge un mouton, un bœuf, et tous se régalent pendant trois jours ; deux fois l'an, à la nouvelle lune du printemps et au sixième mois, pour la fête du Tchim, le village s'en va en pèlerinage à la lamasserie du Goltaï où, en échange du surplus de beurre et de fromage, les prêtres donnent des briques de thé [2], de la farine de maïs, du millet. Et il y a aussi le Chinois qui passe au printemps, offrant ses savonnettes, ses peignes, ses belles écuelles de faïence brillante et de longues chaînes d'argent garnies de perles de corail et de turquoises que les femmes mettent dans leurs cheveux : on les lui paie avec les fourrures de renard et de lynx, butin des chasses de l'automne. S'il arrive qu'un hiver par trop rigoureux décime le troupeau, le printemps suivant voit naître des agneaux, des petits veaux qui ramènent l'abondance, et si les chevaux viennent à manquer on peut toujours aller prendre au lasso quelques-uns de ces poneys sauvages qui errent au pied des mon-

1. L'une des bases de l'alimentation mongole est la farine délayée dans du thé et du beurre.

2. Les feuilles de thé compressées forment des briques faciles à transporter.

tagnes. Non, les Mongols ne manquent de rien !

Les occupations sont nombreuses et toutes passionnantes : garder les troupeaux, chasser, être tout le jour à cheval et galoper en chantant aux quatre coins de la prairie ; retrouver, les soirs d'hiver, la yourte de feutre bien fermée, bien chauffée par un feu d'argol [1], écouter alors

1. Excréments desséchés de bœufs, de chevaux, de moutons, que l'on emploie comme combustible en Mongolie.

... Écouter l'ancien qui raconte des histoires...

l'ancien qui raconte des histoires tout en suçant à la ronde la pipe à eau[1] qui gargouille, puis s'endormir enfoui dans les fourrures ; contempler dans les nuits d'été les étoiles qui brillent là-bas comme elles ne brillent nulle part ailleurs... Ah ! oui, vraiment, la vie est belle !

On dit que les enfants mongols grandissent sur leur cheval : avec Surong, la fille du chef, et tous les jeunes du village, Kumbo apprend son métier de pasteur : il garde les troupeaux, trotte dans tous les sens à travers la steppe pour rechercher les bêtes fugitives et s'exerce des heures durant au maniement difficile du lasso mongol, une longue perche terminée par un nœud coulant : arrivé à hauteur de la bête qu'il a forcée au galop, le chasseur doit en visant la tête l'encercler dans le nœud coulant. Cela demande du sang-froid et de la souplesse dans le poignet ; Kumbo est très grand pour son âge, il est fort, il est adroit, il excellera à ce genre de sport.

Mais revenons au troupeau de chevaux sauvages. Lorsque naquit le poulain, le printemps s'éveillait à peine : la neige avait fondu mais quelques plaques gelées, résistantes, restaient encore aux creux du terrain alors que les pentes exposées au sud prenaient des tons de verdure.

Une à une, toutes les juments du troupeau mirent bas leurs petits. Il leur fallait une nourri-

1. Pipe qui contient un réservoir d'eau dans lequel passe la fumée.

ture riche pour avoir du lait et la steppe se couvrit d'un épais tapis d'herbe jeune, fraîche, juteuse. Puis les pâturages aux tons d'émeraude se couvrirent de fleurs sauvages et les poulains s'y vautraient, se relevaient d'un bond, galopaient au nord, au sud, agitant fougueusement leur crinière et leur queue qui s'allongeaient. En se grisant d'air pur et de soleil, ils grandissaient, prenaient du muscle et leurs jambes se faisaient dures : ils devenaient tous forts et hardis mais c'était le petit noir qui promettait d'être le plus beau.

Peu à peu, sous le soleil insistant, la prairie tournait au beige; le petit poulain avait toujours faim et le lait de sa mère ne lui suffisait plus; de ses dents toutes neuves, il grignotait l'herbe à longueur de jour.

Puis le temps fraîchit, l'automne s'annonça et les chevaux se couvrirent de longs poils qui leur donnaient l'air un peu hirsute de garçons qui ont oublié de se rendre chez le coiffeur : avant que l'hiver arrive, la nature prévoyante couvre ainsi les animaux de fourrure pour les protéger du froid.

Et la première neige tomba. Il faisait sombre depuis des heures, le ciel gris avait l'air de vouloir écraser la terre...

Les premiers flocons arrivent en tourbillonnant et le poulain qui en reçoit un en plein sur le museau croit d'abord à un nouveau jeu; il caracole à travers la plaine, s'amuse à courir après ces petites choses froides qui arrivent de partout. Mais le jeu se prolonge et ne l'amuse plus, la neige tombe, glacée, et l'oblige à fermer les yeux. Il se serre contre sa mère et finit par s'endormir bien à l'abri contre son flanc. Quand il s'éveille, le monde a changé d'aspect : la plaine jaune est devenue blanche, l'air a repris sa limpidité de cristal et les montagnes paraissent toutes proches.

Dans la vaste plaine ondulée l'hiver a maintenant gelé toute végétation. L'étalon se déplace sans cesse, conduit son troupeau çà et là aux quatre coins de la prairie ou sur le contrefort des montagnes, dans les creux où il sait trouver de la nourriture ; les chevaux piétinent la neige pour manger l'herbe sèche et froide qui se trouve dessous.

Quand le printemps s'annonce à nouveau, le poulain est vieux d'un an. C'est une bête pleine de promesses, au poil luisant toujours aussi noir, sa crinière est bien fournie, sa queue touffue pend jusqu'à terre et il a une façon de tenir la tête et de hennir d'un ton belliqueux qui ne plaît pas au vieil étalon : quand ce dernier l'entend, il souffle des naseaux et son sabot nerveux frappe le sol d'impatience.

Les juments vont bientôt avoir d'autres petits ; l'étalon n'a que faire de jeunes garçons turbulents qui ont l'âge de se débrouiller et, un à un, il chasse du troupeau tous les poulains mâles nés l'année précédente. Les yearlings[1] sont malheureux et tout à fait désemparés : ils suivent la troupe de loin, s'arrêtent quand elle s'arrête,

1. Poulain de l'année précédente.

galopent quand elle galope... De temps en temps, l'un d'eux hennit douloureusement et sa mère lui répond.

Par trois fois le petit noir a voulu rejoindre le groupe et à chaque essai, en fonçant d'un galop sauvage, le vieux mâle l'a repoussé. A sa troisième tentative, un petit être neuf vagissait aux côtés de sa mère... Alors il s'est résigné : il n'y a plus de place pour lui là-bas. Avec les poulains de son âge, à distance respectueuse du terrible étalon, il continue à suivre le troupeau pas à pas.

Pour combler les vides que les rigueurs de l'hiver ont creusés dans les rangs de leurs montures, Gengisser et ses compagnons ont l'habitude d'aller chaque printemps prendre au lasso les yearlings que l'étalon vient de chasser. Il est temps de partir en campagne et tout le village s'apprête. Kumbo est de la partie, cette fois, avec Surong, sa petite compagne.

« Tu deviens un homme, a dit le vieux chef au garçon, et l'heure est venue pour toi de posséder un cheval en propre. Si tu attrapes un yearling, je te le donne. Prépare-toi donc soigneusement ; enfourche une monture rapide pour ne pas manquer ton coup. »

Kumbo vérifie le nœud coulant de son lasso et le refait deux ou trois fois, puis il glisse un couteau dans sa ceinture et, sa perche sur l'épaule, saute sur la jument grise, l'un des meilleurs coureurs du troupeau.

En comptant les jeunes, ils sont bien une

quarantaine de chasseurs qui s'en vont dans le petit matin en brandissant leur longue perche de bambou. Dans la steppe d'un vert d'émeraude ils trottent de front et chantent ; parfois, une alouette s'envole sous leur nez, une antilope rapide que leur galop a levée s'enfuit à travers les herbes : les Mongols ne se retournent même pas.

Les traces dans l'herbe foulée les guident sur la piste des chevaux sauvages. Le soleil est haut dans le ciel quand le troupeau leur apparaît : il se découpe dans le contre-jour et fait ainsi penser, de loin, à une bande de fourmis noires. Un peu à l'écart, une petite troupe moins dense le suit et épouse ses mouvements : ce sont les poulains à conquérir.

Le chef dispose ses compagnons.

« Vous, là-bas, allez vous placer au sud, vous au nord et les autres à l'ouest. Formez une boucle, faites du « sur place » : nous allons chasser les poneys droit devant nous vers le soleil. Ne les laissez pas échapper. »

Décrivant un large cercle, les hommes contournent les yearlings qui ne se doutent de rien et paissent tranquillement l'herbe drue. Quand tout le monde est en place, avec Surong, Kumbo et cinq ou six autres chasseurs bien en ligne, le chef très calme avance au petit trot.

Le poulain noir s'arrête de paître ; oreilles dressées, il agite le cou à droite, à gauche. Il a déjà vu, de loin, des cavaliers galoper dans la plaine et ils ne lui ont fait aucun mal, pourquoi serait-il inquiet ? Il est pourtant mal à son aise...

Ses compagnons aussi sont nerveux. Les intrus se rapprochent encore !

Un poney pousse un long cri tremblé ; gagnée par son agitation, toute la bande se met à hennir.

Les chasseurs sont tout près ; les yearlings s'éloignent au trot et le petit noir se retourne de temps à autre pour regarder ces êtres étranges, espèces de chevaux à deux têtes que sont, pour lui, l'assemblage de la monture et du cavalier.

Avec des cris sauvages, les Mongols foncent... Aveuglés par le soleil et la poussière qu'ils soulèvent, les poulains galopent vers l'ouest.

Mais à l'ouest d'autres cavaliers s'avancent à la rencontre des animaux : ils poussent aussi des cris hostiles.

La bande oblique alors vers le nord : là encore, la route est barrée... Réalisant qu'ils sont encerclés, les chevaux tournent en rond, piaffent, hennissent, se cabrent et sont tout à fait affolés.

Les chasseurs resserrent le cercle et chacun repère sa proie.

« Regarde ce joli petit noir ! crie Surong à Kumbo.

— Je l'ai vu et je l'ai choisi, répond le garçon dont les yeux brillent de convoitise. Veux-tu l'attraper avec moi ?

— Bien sûr ! »

Suivi de près par la petite fille, Kumbo s'élance avec son lasso.

« Va tout doux ! lui crie le chef au passage. Si tu affoles par trop l'animal, il se défendra comme un diable et risquera de t'échapper. »

Comme s'il devinait les intentions du jeune chasseur, le poulain noir fait un bond, hennit puis bouscule ses compagnons et part au grand galop. Deux cavaliers émergent d'un bouquet d'arbres et lui coupent la route. L'animal fait volte-face, repart et passe à quelques mètres de Kumbo qui jette sur lui son lasso. Au contact de cette chose étrange, le poney est pris de rage, il bondit comme un démon. Lacet et perche se brisent et le sauvage repart... Il rejoint ses compagnons, se perd dans leur masse grouillante.

« Tiens, dit Surong à Kumbo, prends ma perche, essaie à nouveau. »

Voilà encore le Noir isolé. Dans sa tête surexcitée s'ébauche une sorte de plan : il lui faut gagner la pente là-bas et, plus loin encore, la montagne où il pourra se perdre, se cacher. Mais le passage est bien gardé.

« Hé ! crie Kumbo qui arrive à franc étrier, faites attention là devant, arrêtez-le... »

L'homme pousse des cris, fait de grands gestes avec sa perche ; le poney l'évite de justesse pour trouver devant lui un autre cavalier : il faut pourtant qu'il arrive à rejoindre cette montagne.

Le désespoir lui donne une idée. Il fait mine de glisser, dérape, tourne court, prend la tangente et passe en trombe entre les deux cavaliers qui n'ont pas le temps de prévoir la manœuvre.

« Manqué », murmure le chef qui voit le poulain lancé comme une balle dans la plaine.

« Je l'aurai quand même », pense Kumbo en serrant les dents.

Il passe la perche de la main gauche dans la droite, et continue la poursuite. Couché sur l'encolure de sa monture pour offrir moins de prise au vent, il la talonne, l'encourage de la voix et Surong le suit de près. Le poney va comme le diable, il galope comme jamais il n'a galopé... Mais que peut un yearling contre un cheval adulte conduit par un cavalier impatient? Poursuivi et poursuivant forment bientôt un seul tourbillon de poussière que le chef contemple d'un air satisfait.

Pour être plus libre de ses mouvements, Kumbo a attaché la bride au pommeau de sa selle; le torse tendu, à deux mains, il brandit sa perche et dans un suprême effort réussit à passer le nœud coulant autour de l'encolure de sa proie.

« Ça y est ! » crie Surong.

Le garçon n'a pas arrêté son galop. Avec précaution, il tire à lui la perche : il ne veut plus casser le nœud, encore moins étrangler le poulain qui fait coup sur coup deux glissades, exécute un tête-à-queue et, avec sa tête, essaie de se débarrasser de cette corde qui l'enserre... C'est une sensation affreuse de se sentir ainsi prisonnier, relié par une chose étrange à un être qui gesticule, crie et l'étouffe à moitié. Tout le corps du captif frissonne.

« Viens m'aider, Surong! Passe le licol si tu peux... »

Et la fille met pied à terre. Avec des ruses et des mots doux, elle essaie de passer la corde autour du cou de l'animal. Elle doit s'y reprendre

par trois fois avant de pouvoir réussir : le Noir secoue la tête et n'admet pas d'être touché.

« Ça y est, dit-elle enfin. Tu peux retirer ton lasso, Kumbo : en le tenant ferme et court, le poney ne se sauvera plus. »

« Viens m'aider, Surong !... »

Les autres chasseurs arrivent et s'exclament. « Houya ! la chasse est bonne ! Sur la douzaine de yearlings, trois seulement se sont échappés et nous avons gagné neuf jeunes chevaux pleins de vigueur. Maintenant, rentrons au village. »

Mais on a beau tirer, pousser, les quatre jambes écartées, le poney noir demeure vissé au sol : on veut qu'il bouge? Il ne bougera pas. C'est sa manière à lui de montrer qu'il est mécontent.

« Tu as pris une très jolie bête, Kumbo, dit le chef Gengisser, mais quel caractère ! Elle m'a l'air aussi têtue qu'un baudet chinois et tu auras du mal à l'apprivoiser...

— J'aurai vite fait, moi, crie un homme derrière lui, la seule manière, la voici... »

Et, brandissant son fouet, il en frappe l'animal qui hennit furieusement.

« Arrête ! » hurle Kumbo.

Mais l'autre fouaille de plus belle. Le poulain saute à chaque coup.

« Je te dis d'arrêter ! Je ne veux pas qu'il soit battu.

— Il faut que tu le domptes, ce sauvage.

— J'y arriverai d'une autre façon.

— C'est la seule bonne méthode, déclare le chef. Regarde comme la bête se calme et se rebiffe moins sous les coups. »

Mais Kumbo ne veut rien entendre, il a mis pied à terre et, appuyé sur le poulain que Surong tient toujours en laisse, il défie le chasseur au fouet.

« Si tu le touches encore, Aïka, je te frappe... C'est mon cheval et je ne veux pas qu'on lui fasse du mal.

— Comme tu voudras, dit l'homme en rangeant sa mèche. Le travail est fait d'ailleurs, il a son compte, ton chéri. Essaie donc de le faire avancer et tu verras s'il ose encore désobéir. »

Et Kumbo tire sur la longe. Raide de fureur rentrée, l'animal esquisse un pas.

« Tu vois, je te l'avais dit. On doit les mater tout de suite !

— Tu as peut-être raison, mais je veux que mon cheval m'aime et je le dresserai sans le battre. »

Devant un tel entêtement et des idées aussi naïves les compagnons de Kumbo s'esclaffent.

« A-t-on jamais vu dresser un cheval sans fouet ! Il en a de la prétention, le petit... Moi qui le croyais intelligent.

— Bah ! Il est jeune, ça lui passera. »

Le garçon tient le petit noir par le cou et, à l'oreille, lui murmure :

« Tu verras, mon joli poney, nous deviendrons des amis. »

Mais la bête baisse la tête : elle n'a pas envie de comprendre et paraît très malheureuse.

Quand les chasseurs rentrent au village, attaché par une longue corde à la selle de son maître, le poulain noir suit tristement.

Il s'appellera « Va comme le vent »

« Kumbo ?

— Oui.

— Tu as donné un nom à ton poney ?

— Pas encore, Surong.

— Pourquoi ne l'appellerais-tu pas « Diable « noir » ?

— Tu trouves qu'il ressemble à un diable ? répond le garçon en désignant le poulain qui, attaché à un poteau, reste triste et immobile.

— Pas pour le moment, bien sûr ! Mais tu te souviens de son air furieux quand tu l'as pris dans la prairie : ses yeux brillaient comme des flammes, ses naseaux fumaient de colère.

— Et il secouait sa crinière comme s'il avait envie de tout balayer autour de lui. Il a bien changé, tu ne trouves pas ? Il ne lève même plus la tête quand je passe auprès de lui.

— C'est qu'il est malheureux, Kumbo ; beaucoup plus malheureux, je crois, que nous ne pouvons imaginer : ton poulain regrette sa liberté. Quand il nous connaîtra mieux, il reprendra le goût de vivre.

— Oh ! pour cela, j'en suis sûr ! A force d'être gentil avec lui, mon cheval finira par comprendre que je ne lui veux pas de mal et quand je pourrai le monter, quand nous irons à la chasse tous les deux, tu verras comme il aimera ça... Nous deviendrons des amis, alors : je connaîtrai son caractère et je lui choisirai un nom qui lui ira tout à fait bien. »

En rentrant au village, le soir de la chasse, les hommes avaient attaché les yearlings capturés aux poteaux préparés à l'avance dans les bergeries, mais Kumbo a voulu conserver le sien près de lui. Devant la grande tente se trouve un mât rouge, très solide. A chaque fête religieuse, le chef y colle des papiers remplis de prières et d'implorations aux dieux qui sont chargés de protéger le village. Le garçon a enroulé à ce mât la corde qui retient son poney et a déposé devant lui un gros monceau d'herbe fraîche. Le poulain a reniflé l'herbe mais n'a pas voulu y toucher et a jeûné pendant deux jours. Maintenant, à condition qu'on ne le regarde pas, il mange tout ce qu'on pose autour de lui mais refuse systématiquement ce qui lui est présenté dans la main : cet obstiné ne veut même pas lécher le bloc de sel, friandise suprême, à laquelle Kumbo voudrait le faire goûter et, hier, il a soufflé dans la paume de Surong la poignée d'avoine qu'elle avait prise pour lui dans le sac réservé aux chevaux malades. Quand les enfants le promènent et tiennent sa longe, le Noir, résigné, trotte quand ses maîtres courent, s'arrête quand ils s'arrêtent, repart sans trop se faire prier mais il a l'air de penser : « Si cela les amuse, moi je veux bien... » Puis le poney se laisse attacher sans réagir, sans regarder ni le garçon ni la fille : il est devenu indifférent.

Mais, un soir, Kumbo l'a surpris, oreilles dressées, qui écoutait dans la direction du vent et, à la lueur qui s'allumait dans ses yeux, à sa façon de tirer sur la corde, son jeune maître a compris qu'il suffirait de relâcher son poney pour qu'il se sauve et qu'on ne le voie plus.

Les huit autres yearlings sont soumis à un premier dressage. On ne les monte pas encore car il faut qu'un cheval ait deux ans, ou presque, pour que son dos puisse, sans dommage, supporter un cavalier mais on leur apprend à obéir : avancer, reculer, trotter, galoper. Quand ils ont compris la leçon ils reçoivent, en récompense, un petit morceau de sel à lécher et, s'ils ne veulent pas écouter, on les bat. Au début, à chaque séance de dressage, sur le terre-plein devant les yourtes, les chevaux refusaient d'obéir, les instructeurs criaient, s'impatientaient, fouaillaient les poulains récalcitrants qui se cabraient, hennissaient. On les fouettait jusqu'à ce qu'ils n'en puissent plus... Ils restaient alors comme hébétés, tremblant de leurs quatre membres.

« Je vous briserai, mes camarades », leur promettait Aïka en les menaçant de sa mèche.

Mais ils ont fini par comprendre, et maintenant un claquement de fouet suffit pour les ramener à la sagesse.

Quand Kumbo essaie de dresser son cheval, il gonfle aussi la voix, fait claquer son fouet de loin et de temps en temps lui en touche le dos, mais ses coups sont des caresses et l'animal ne bronche pas.

Il y a trois jours que les gardiens se sont risqués à lâcher leurs yearlings dans le pâturage : ceux-ci ont suivi les chevaux dressés comme ils suivaient l'étalon sauvage et pas un seul n'a pris le large.

« Tu vois, a dit Surong à Kumbo, leur méthode n'est pas si mauvaise et ta douceur ne donne aucun résultat. Je suis sûre que deux ou trois coups bien appliqués feraient comprendre beaucoup de choses à ton poulain : j'ai reçu des taloches quand j'étais petite.

— Ce n'était pas la même chose : les poulains, ici, on les mate, on les brise et je ne veux pas de cela pour le mien. Tu as vu, hier : les gardiens qui ont été les chercher ont dû les prendre au lasso. Quand il sera apprivoisé, mon cheval accourra à ma voix.

— En attendant, si tu le lâchais dans la plaine, tu pourrais lui dire adieu. Je t'assure qu'une petite correction lui ouvrirait l'intelligence.

— Son intelligence est ouverte; mon poney comprend tout mais il est buté parce qu'il nous déteste : c'est son cœur que je veux gagner. »

Le soir, quand la chaleur est tombée, les hommes réunis, assis en rond sous les étoiles, se moquent du jeune garçon.

« Je t'ai vu, Kumbo, avec Surong cet après-midi... Il me semblait que ton poulain te donnait du mal.

— Du mal, vous pouvez parler : il avait l'air vissé au sol !

— Tu t'y entends au dressage, mon gars... Ton Noir paraît aussi sauvage qu'au premier jour.

— Si tu lui enlevais ses liens, tu n'aurais même pas le temps de le voir s'enfuir qu'il serait déjà dans la montagne.

— Pourtant les autres poulains sont dressés.

— J'y mettrai plus de temps mais j'arriverai à l'apprivoiser : j'y arriverai aussi bien que vous.

— On verra, on verra...

— Il m'en voudra si je le bats comme je vous ai vus battre les vôtres.

— Nos poulains ne nous en veulent pas, ils ont compris qu'il y avait tout à gagner à nous obéir.

— Et tout à perdre à faire les vilains.

— Moi, je veux que mon cheval m'aime. »

Les autres alors se mettent à rire.

« Pauvre naïf, s'exclame Aïka, voilà cent fois

que tu nous répètes la même chose... Il a bien l'air de t'aimer ton spectre noir : il n'arrête pas de bouder. A-t-il daigné te regarder, aujourd'hui ? »

Et les autres renchérissent :

« Que tu es têtu, mon garçon !

— Pas à dire, tu as la manière...

— Laissez-le, fait Surong qui sert du thé à la ronde. Cessez de le taquiner. Kumbo a raison, j'en suis sûre : dès que son poulain comprendra que nous lui voulons du bien il fera des progrès rapides et dépassera tous les autres. »

Le vieux chef, lui, ne dit rien.

Influencé par toutes ces railleries, Kumbo commence à douter de l'efficacité de sa méthode. Il comprend aussi que son poulain a la nostalgie de la steppe, et lui en veut d'être attaché.

« Si je m'écoutais, déclare-t-il un jour à Surong, je le relâcherais.

— Ne fais pas cela ! Regarde comme ton petit Noir grandit... Il devient superbe : c'est le plus beau de tous les yearlings.

— Cette bête a besoin de courir sans contrainte : si elle n'a pas fait de progrès à l'automne, je lui rends sa liberté. »

Sachant combien son ami aurait de peine à se séparer de son poney, la petite fille essaie, à sa manière, de séduire l'animal. Elle passe des heures à chasser les mouches qui l'ennuient, lui parle doucement à l'oreille, apporte de bonnes choses à manger et se rend compte peu à peu, à un scintillement des paupières, à un frisson sur le cuir que le cheval perd son indifférence.

Un soir, elle arrive triomphante à la yourte.

« Encore en retard, a grondé Gengisser. Voilà déjà un bout de temps que nous avons allumé les bâtons d'encens devant l'autel des ancêtres. Tu sais pourtant, ma petite fille, combien j'attache d'importance à ce que nous soyons tous réunis pour cette petite cérémonie. Dépêche-toi d'aller te coucher.

— Excusez-moi, père, j'ai oublié l'heure près du poney de Kumbo.

— Ce cheval, ce cheval... Vous ne pensez qu'à lui ! »

Avant de regagner le coin des femmes dans la partie droite de la tente, Surong glisse à l'oreille de son ami :

« J'ai une grande nouvelle à t'annoncer : le Noir a mangé dans ma main.

— Ce n'est pas possible ?

— J'avais cueilli pour lui quelques branches de jeunes saules ; avant de les lui laisser, j'ai voulu, pour le taquiner, frotter les feuilles sur son museau. Il a, alors, relevé la tête et happé une première branche, une seconde, une troisième... Ton Noir se civilise, je t'assure. »

Deux jours plus tard, Gengisser parla à Kumbo.

« Je t'ai laissé, lui dit-il, car il est bon que les

jeunes fassent eux-mêmes leurs expériences, mais ta méthode trop absolue ne donne aucun résultat.

— Je ne martyriserai jamais un cheval comme fait Aïka.

— Je te comprends, fils, mais la bonne façon est de ne pas exagérer dans un sens ou dans un autre : entre la brutalité de ce gardien et ton excès de douceur, il y a place pour la fermeté.

— Peut-être avez-vous raison.

— Je reconnais pourtant que tu as affaire à un poulain très entêté. J'ai réfléchi à son cas et je crois le comprendre. Cet animal sauvage et libre, d'une fierté ombrageuse, a besoin de courir à travers la steppe comme on a besoin de manger : monte-le tout de suite, n'attends pas qu'il ait atteint ses deux ans.

— Mais son dos n'est pas encore assez solide pour supporter un cavalier...

— Tu n'es pas bien lourd et ce poulain est fort pour son âge. Essaie de le monter, crois-moi : en galopant avec toi dans la prairie il reprendra le goût de vivre et acceptera son servage. »

D'une yourte à l'autre, la nouvelle s'est répandue : « Kumbo va essayer de monter son poulain. » Et chacun de se moquer...

« Il sera par terre aussitôt !

— Si par hasard il arrive à se maintenir en selle, son diable n'avancera pas d'un sabot.

— A moins qu'on ne lui tire la queue ; les

ânes sont ainsi faits : il faut les tirer par-derrière pour qu'ils avancent.

— Cela promet une fameuse séance.

— Mes ancêtres ! Quelles belles chutes nous allons voir.

— On rira, c'est toujours ça... »

Sur le terre-plein qui borde les tentes tout le village est rassemblé. Coiffé de son bonnet rouge des jours de fête orné d'une plume d'aigle, le garçon arrive, avec son cheval qui bute, renâcle et n'a pas l'air de bonne humeur.

« Tu as pris un fouet, Kumbo ?

— Ce bâton me suffira, répond le garçon qui rit pour cacher sa gêne, et brandit une branche de saule au bout de laquelle tremblent quelques feuilles.

— Si tu crois cette baguette efficace, tu te fais des illusions !

— Nous t'avons dit, redit que seule une mèche lui apprendra à obéir et tu ne veux rien savoir : tu as vraiment une tête de bois.

— Ta mère a dû te nourrir avec du jus de citrouille pour que tu sois aussi innocent. »

Énervé par les rires et les éclats de voix, le poney tourne la tête à droite, à gauche, comme s'il voulait chasser des mouches importunes et il faut toute l'astucieuse douceur de Surong pour arriver à lui passer la bride mais pas moyen d'ajuster la selle : elle est à peine posée sur son dos que, d'une secousse, il la rejette avant qu'on ait le temps de la boucler.

« Pas d'importance, je vais le monter à cru...

— Je te souhaite du plaisir», a répondu Aïka qui bande les yeux du cheval.

Et, pendant que la bête s'agite et hennit, l'homme attache une corde à chacune de ses jambes nerveuses. Ces quatre cordes sont reliées à la selle de quatre cavaliers prêts à galoper avec lui et à le retenir ferme s'il veut se sauver.

L'exaspération du poulain s'accroît... Son maître lui saute sur le dos. Quel outrage!

Dressé sur ses pattes de derrière, le poney tourne alors en rond ainsi qu'un cheval de cirque. Cramponné à sa crinière, le garçon résiste.

Tout à coup, le cheval s'affaisse, ses naseaux labourent le sol, il rue des sabots arrière et envoie son cavalier dix pas plus loin. L'assistance se met à rire. Kumbo re relève couvert de poussière, rajuste son bonnet rouge et, d'un bond, se remet en selle.

Le Noir continue son jeu; il se cabre, fait une culbute, une ruade et, sans prendre le temps de respirer, recommence la manœuvre. Son cavalier serre les dents, s'agrippe, se dit qu'il ne tombera pas : dans sa tête sonnent toutes les cloches de la lamasserie.

«Il me faut décrocher l'intrus», pense le cheval plein de rage. Et il se jette à droite, à gauche, tourbillonne dans tous les sens. Rien à faire, Kumbo résiste et l'assistance ne rit plus.

Empoussiérée, couverte de sueur, la bête s'est arrêtée et le garçon lui fait la leçon à petits coups de sa branche de saule.

« Tout doux, mon Noir, tout doux... Il faut te calmer, mon beau. »

Mais voilà que « le beau » recommence ses ruades. Kumbo glisse et se redresse avant d'atteindre le sol. Agrippé à la crinière, il s'applique à suivre le cheval dans tous ses bonds, toutes ses glissades : le garçon a l'art de deviner ce que la bête va faire.

« Quel cavalier ! s'est exclamé un spectateur.

— Ma parole, il est vissé à sa monture.

— Chef, vos leçons ont été bonnes. »

Gengisser regarde, observe, sourit et, chaque fois que le cavalier déjoue une ruse du cheval, approuve d'un coup de tête.

Peu à peu, l'animal s'est assagi... Immobile sur ses quatre pattes, il tremble ; sa bouche baveuse est pleine d'écume. Surong s'approche, le bouchonne avec une poignée d'herbe et lui parle avec douceur.

« Calme-toi, mon bon diable. Tu verras, quand tu seras dressé, les belles courses que tu feras avec mon ami sur ton dos. »

D'une main preste, le garçon enlève le bandeau des yeux. Le poulain n'a pas bronché.

« Essaie donc de le faire trotter !

— Hue ! » crie Kumbo, et il lui frappe légèrement la croupe.

Le cheval part et les quatre cavaliers s'ébranlent.

« Hoo ! »

Le poney s'est arrêté.

« Il est rendu, crient les spectateurs. Bravo

Kumbo ! Tu l'as eu. Si nous enlevions les entraves ? »

Et l'on coupe les quatre cordes qui relient le Noir aux cavaliers : Kumbo ne peut plus compter que sur lui-même. Des talons, il essaie une seconde fois de faire partir sa monture.

« Allons ! Allons donc... »

Mais le cheval ne bronche pas.

« Décide-toi, voyons, mon beau. »

Rien à faire.

« Vas-y donc, eh, fainéant ! » crie Aïka et, d'une claque sonore sur la croupe, il fait sursauter la bête.

Un hennissement furieux et elle part au galop. Le cavalier se cramponne, s'agrippe ; d'un bond, la monture saute la clôture des bergeries, s'élance à travers la plaine, disparaît dans un pli de terrain, reparaît de l'autre côté et s'éloigne à une telle vitesse que bientôt on ne la voit plus... Kumbo est parti avec elle.

« Le petit gars sera vite ici ! clame Aïka qui se moque, mais il reviendra sur ses pieds : aussi bon cavalier qu'il soit, cet animal enragé finira par le jeter à terre.

— Kumbo reviendra sur son cheval », affirme calmement Surong.

Les heures passent et l'on ne voit ni cheval ni cavalier. Surong est allée ramasser le bonnet rouge que son ami a perdu dans la course et qui reste là, accroché à la clôture des bergeries

D'un bond, la monture saute la clôture des bergeries...

puis, sur la jument grise, elle part explorer la piste. A travers la plaine herbeuse, aussi loin que porte son regard, on n'aperçoit rien. Et comme la nuit approche, il lui faut bien revenir.

« Tu t'inquiètes sans raison, fillette, lui dit son père à son retour. Pour la première fois que Kumbo monte son poney il va s'offrir une longue promenade.

— J'ai peur que ce diable ne l'entraîne plus loin qu'il ne veut aller.

— C'est un bon cavalier. Ton ami maîtrisera sa bête et cette nuit, demain matin au plus tard, il reviendra triomphant.

— Et si le Noir l'a culbuté, s'il est blessé loin d'ici...

— Si nous ne le voyons pas demain matin, nous irons à sa recherche : nous suivrons pas à pas ses traces dans l'herbe foulée. Mais Kumbo reviendra avant. Va te coucher, ma petite fille. »

Surong a obéi à son père mais elle n'a pas pu dormir.

Pendant que son cheval l'emporte à toute vitesse, Kumbo ne pense qu'à une chose : se cramponner pour ne pas tomber. S'il tient et domine encore une fois la volonté qu'a ce sauvage de se débarrasser de lui, il l'aura conquis tout à fait.

Peu à peu, Kumbo retient les rênes, essaie de réduire le galop ; le cheval tire sur le mors, franchit fossés, et buttes, et semble voler dans la plaine.

Le garçon et sa monture ont croisé sans les voir deux antilopes qui revenaient du point d'eau, et coupé une caravane de trente chameaux ruminants ; les conducteurs se demandent quel est ce fou qui court ainsi d'un train d'enfer ?

L'ombre des montagnes s'allonge ; de l'herbe verte, la fraîcheur monte et le cheval va toujours.

Hop !... Pour éviter une hermine rousse qui ondule sur son chemin, le poney a fait un bond et Kumbo a failli tomber. Les voilà repartis encore... Est-ce une idée ? On dirait que le galop se fait plus sage : le garçon sent les muscles de sa monture se tendre et se détendre comme une mécanique au rythme des jarrets nerveux.

... L'ombre succède au crépuscule ; la première étoile apparaît. On doit les attendre au village, il est temps de songer au retour : « Le problème, pense Kumbo, est de faire faire demi-tour au poulain. Est-il devenu assez maniable pour que je puisse le guider ? »

Et le Mongol essaie avec douceur. Sans révolte, le Noir obéit.

La nuit étreint la plaine immense et le cheval court encore mais maintenant c'est le garçon qui mène le jeu, réduit la course, fait marcher sa monture au trot puis, quand elle s'est un peu reposée, d'un coup de talon la fait repartir au galop. Entre la bête et son cavalier se tisse comme un lien subtil et le Noir essaie de comprendre, d'exécuter ce qui lui est suggéré. Kumbo vit comme dans un rêve : il sent son poulain en harmonie avec lui ; là-haut les étoiles sont belles et il a envie de chanter... Il n'ose pourtant pas s'arrêter pour faire souffler sa monture : la soumission est trop neuve. Tandis que le poulain continue sa course, Kumbo s'étire pour chasser le sommeil.

Les étoiles ont pâli et une à une se sont éteintes. A l'horizon une flaque rouge s'étend... D'un coup le soleil éclaire la steppe, le garçon a cligné des yeux. Des genoux, de la voix, il encourage sa monture qui file d'un train d'enfer.

A l'entrée de la grande tente, la main en visière, Surong interroge l'horizon.

« Rien ! Il n'y a rien sur la plaine immense... Mais si ! là-bas, ce tourbillon de poussière qui se rapproche... C'est un cheval et son cavalier... »

La petite fille se retourne vers l'intérieur de la yourte.

« Oh ! mon père, crie-t-elle, ma mère, tout le monde, venez voir ! Kumbo revient, c'est lui, je le reconnais, et il est sur son cheval... »

Pour montrer combien son poney est devenu souple et docile à son commandement, Kumbo décrit un large cercle autour du village puis met pied à terre et tandis que les gens s'exclament, le félicitent et caressent le cheval en sueur, il glisse à l'oreille de Surong :

« Il a galopé toute la nuit, c'était merveilleux, Surong... Et je lui ai trouvé un nom, il s'appellera : *Va comme le vent.* »

La tentation de Ping

Derrière les monts Kingham qui bordent le plateau de Oum-Tchim-Sin s'étendent une suite de vallées fertiles bien connues des Chinois : d'année en année, ils y achètent des terres et y envoient des cultivateurs.

Chassé du Hopeï par une terrible inondation, voilà trois ans que le fermier Wang-Ta a installé dans la vallée du Ho-Bou-Dou toute sa nombreuse famille : sa femme, une bien bonne femme, son fils aîné Wang-Ping et ses six filles dont la dernière vient de naître.

Le brave homme a de la besogne ! Il lui a d'abord fallu bâtir sa maison. Comme c'est l'usage en son Hopeï natal, les murs sont faits de terre et d'herbes sèches. Deux chambres composent l'habitation : une grande salle avec un lit de briques grises où dort toute la famille et une étable qui abrite avec les deux bœufs et la mule toutes les provisions d'hiver.

Quand il a eu un toit, Wang-Ta a désherbé, défriché quelques dizaines de mous [1] de terrain ; l'année suivante il les a ensemencés et, à la mesure de ses forces, a étendu son défrichage : la terre ne manque pas ici.

« Quelle différence avec notre pays, pense le fermier. Là-bas, à force d'être divisé, partagé, le sol finit par ressembler à un vieil habit rapiécé. »

Le Chinois est très content d'avoir émigré dans cette riche vallée où il pourra enfin nourrir convenablement sa famille et même faire des économies : après quelques années d'efforts, les siens seront à l'abri du besoin.

Mais son fils aîné l'inquiète : à seize ans, ce paresseux devrait lui apporter une aide efficace...

« Encore labourer, encore herser, soupirait Wang-Ping au printemps : c'est sans arrêt que tu nous fais besogner !

— Il nous faut manger tous les jours, répondait son père : tous les jours aussi nous devons faire notre part d'ouvrage. »

L'été venu, le fils réplique avec hargne :

« Si tu crois que par cette chaleur je m'en vais désherber ton champ de patates ou couper tes carottes de maïs ?... Tu me prends pour ton esclave !

1. Mesure de superficie.

— Je te prends pour ce que tu es : mon fils aîné, mon bras droit. Si tu ne m'aides pas, comment veux-tu que la famille se nourrisse ? »

Parce qu'il ne peut pas faire autrement, Ping va désherber le champ, couper les épis et maudit le sort qui l'a fait naître fils de cultivateur alors

Wang-Ta a désherbé, défriché...

que d'autres, « ceux qui savent se débrouiller », mènent ailleurs une vie joyeuse et libre.

« On nous a changé notre Ping, pense avec chagrin le fermier, il était serviable autrefois, que lui est-il arrivé ? »

Ce qui est arrivé, pauvre père ? Votre fils a fait une mauvaise rencontre. L'automne dernier, vous l'avez envoyé à la ville pour y vendre un chargement de choux. Le marché fait, comme il flânait dans les rues, deux jeunes aventuriers l'ont abordé, le sourire aux lèvres ; ils avaient fière allure avec leurs bonnets de fourrure rase, leurs robes doublées de renard et, à leur vue, Ping

« Il nous faut manger tous les jours... »

a soudain réalisé combien sa pelisse en poil de chèvre était souillée et fanée.

« Bonjour, ont dit les deux compagnons.

— Bonjour.

— Tu te promènes, mon garçon ?

— Je me promène, comme vous voyez.

— Si tu as une heure devant toi, viens donc boire une coupe de vin avec nous chez l'aubergiste du coin de la rue. »

Flatté d'être remarqué et invité par des personnages aussi huppés, Ping les a suivis sans hésiter. A l'auberge les autres ont parlé, raconté leur vie d'aventure : ils voyagent par monts et par vaux, et à les entendre s'amusent et festoient à longueur de jour. Comme leur invité les écoutait bouche bée, les beaux messieurs lui ont demandé tout à coup :

« Et toi, à quoi donc passes-tu ton temps ?

— Mon père est cultivateur : à cinquante lis, au nord d'ici, tout au fond de la vallée du Ho-Bou-Dou, nous possédons une petite ferme.

— Ah ! Tu es un « cul-terreux »... Pas étonnant que tu aies l'air si peu dégourdi. »

Et Ping, à cette réflexion, s'est senti tout gauche, maladroit, encombré de sa personne. Après lui avoir fait boire trois coupes de vin et lui avoir fait expliquer en détail où il habite, les deux jeunes hommes l'ont quitté. Depuis, le garçon pense sans cesse à eux, à leurs beaux habits, à leurs aventures et sa vie de cultivateur lui semble médiocre, sans intérêt.

Cet été, par un jour de chaleur orageuse, Ping était dans le champ du nord en train de faucher le millet ; son dos nu ruisselait de sueur et, les pieds plantés dans la terre, il se courbait, se relevait, se courbait encore, faucille en main, pour couper les lourds épis jaunes quand il entendit derrière lui des gens éclater de rire.

« Eh ! C'est notre jeune et distingué fermier. »

Ses amis de la ville étaient là, montés sur de beaux chevaux.

« Alors, dirent-ils, tu t'amuses ? Tu n'as pas peur de fondre à rester ainsi, à la même place, au soleil ? »

Et comme, tout bête, l'autre les regardait, « Tu devrais quitter ce pauvre métier, conseillèrent-ils, venir avec nous...

— Je ne demanderais pas mieux mais mon père ne voudrait pas.

— Ce serait pourtant plus agréable.

— Je suis son fils aîné, voyez-vous, son bras droit en quelque sorte.

— Ça te plaît d'être son esclave ?

— Pas trop...

— Eh bien, on se reverra en ville à l'automne. Si tu as envie de changer de vie tu n'auras qu'à nous suivre alors. »

« Eh ! C'est notre jeune et distingué fermier. »

Depuis ce temps-là, quoi qu'il fasse, Ping n'arrive pas à détacher sa pensée de l'existence qu'il pourrait avoir avec les deux jeunes messieurs : « Si c'était possible, si j'osais quitter mon père, je serais alors comme au paradis. »

Hélas ! La voix criarde du fermier vient toujours le tirer de son rêve.

« Fais donc attention, vois comme ce champ est mal fauché ! Tu as laissé des épis partout... Il y a des moments, mon pauvre garçon, où l'on dirait que ta tête n'est pas ici. »

Pendant que Ping s'entête à ne voir que les mauvais côtés de sa vie de fermier et refuse de se réjouir des joies saines qu'on y peut trouver, de l'autre côté des monts Kingham, Kumbo nage dans le bonheur.

Comme le chef l'avait prédit, en reprenant ses galopades à travers la steppe le poney noir a retrouvé le goût de vivre et une amitié profonde se tisse entre lui et son jeune maître. La bête a d'abord accepté puis elle s'est mise à apprécier cet être étrange et gentil qui s'est imposé sur son dos et l'accompagne dans ses courses. On ne voit plus jamais le cheval sans le garçon ni le garçon sans le cheval.

Le soleil est à peine levé que, dans la rosée du matin, Kumbo arrive au pâturage, à la rencontre du troupeau.

« Hep ! crie-t-il, hep... »

Le Noir alors dresse la tête, hennit joyeusement et se dirige vers lui.

« Tout beau, *Va comme le vent*. Je t'apporte un morceau de sel. »

Le poney lèche la substance grise qui lui emplit la bouche d'une salive délicieuse, il ferme les yeux, se détend sous les caresses : comme la main de son maître est douce, comme c'est agréable de sentir des doigts agiles se glisser dans la crinière ! Et pour montrer son amitié la bête souffle à petits coups.

« Tu vois, crie Kumbo au gardien chef Aïka qui se fatigue à prendre au lasso les chevaux que les hommes vont monter dans la journée, tu vois que j'avais raison : ma méthode fait ses preuves.

— Tu as bien dressé ton cheval, je le reconnais : il a appris l'obéissance.

— Et sans fouet, tu l'as constaté. C'est parce qu'il m'aime qu'il m'écoute, je ne l'ai jamais battu. Si tu avais traité les autres poneys de la même façon tu n'aurais pas autant de mal.

— Voire, répond le gardien sceptique. Tu as affaire à une bête spécialement intelligente. »

Alors Kumbo saute en selle et galope pendant des heures dans les prairies que l'automne naissant emplit de fleurs sauvages plus éclatantes que celles du printemps. Les jambes agiles du poney effleurent à peine le sol et le garçon se dit que le nom qu'il lui a donné lui convient tout à fait bien.

« Cours, *Va comme le vent*, cours vite ! »

C'est devenu un jeu pour le poney d'exécuter, à la minute, ce qui lui est communiqué par le mors, par les talons et par la voix gentille qu'il

« *Cours,* Va comme le vent, *cours vite !* »

reconnaît entre mille. Son maître fait corps avec lui, et ses ordres, il les devine avant même de les recevoir : ils sont d'ailleurs faciles à comprendre.

« Hue, *Va comme le vent* ! »

D'un bond souple, presque sans effort, l'animal s'élance, franchit les fossés, les haies, grimpe sur les buttes.

« Hoo ! »

Freinant des quatre sabots, il s'arrête presque sur place.

Parfois, montée sur la jument grise, Surong les suit dans leurs promenades ; ils vont alors jusqu'à la montagne, escaladent les pentes abruptes, descendent au creux des ravins... La jument avance d'un sabot prudent mais le poney noir grimpe, dégringole avec l'aisance d'un chamois.

Et, le soir, après avoir laissé leurs montures au milieu du troupeau et souhaité le bonsoir aux gardiens, les enfants rentrent à la yourte. Le vieux chef sourit de voir leurs yeux qui brillent, pleins de l'excitation de la course.

« Je t'ai observé tout à l'heure, Kumbo. Tu revenais vers le village et ton Noir courait comme un diable ! Cette monture est pleine de promesses : quand elle sera en possession de toute sa taille et de sa vigueur je crois qu'elle sera capable de défier n'importe quel cheval à la course. »

Dès que sa récolte est terminée, le fermier Wang-Ta en fait deux parts : l'une est rangée dans un coin de l'étable et servira à la nourriture de la famille ; il empile l'autre dans une grande charrette, y attelle ses deux bœufs et, suivi de son fils Wang-Ping, s'en va vendre à la ville ses sacs de millet, de sorgho.

Il avance sur la route poudreuse et calcule le profit qu'il va tirer de ce surplus de sa récolte : « Je reviendrai à la ferme avec, pour le moins, cinquante pièces d'argent que je cacherai dans le fond de la grande salle sous le sol de terre battue. Si je fais tous les ans de pareilles économies, je n'aurai plus à craindre les mauvaises années. »

La route est longue, le soleil tape, Ping suit son père et la charrette, il traîne les pieds, il est maussade, et voudrait bien avoir déjà atteint la ville.

Y rencontrera-t-il les jeunes messieurs si distingués ?

Le garçon le désire et le craint en même temps : vont-ils encore se moquer de lui, l'appeler « paysan naïf », « cul-terreux » ou les trouvera-t-il aimables comme à la première rencontre, prêts à se vanter de leur luxe, de leurs aventures et de leur vie merveilleuse ?

Si Ping pouvait se joindre à eux !... Mais non, ce rêve est impossible : il n'est qu'un fermier sans instruction et la belle vie n'est pas pour lui.

A la ville, Ping laisse son père s'expliquer avec les acheteurs et se dirige vers l'auberge. La salle est pleine de monde qui parle, discute ou rit. Le jeune homme a deux sapèques en poche, de quoi se payer un bol de thé ; intimidé, il s'installe dans un coin, regarde les consommateurs et ne voit pas ceux qu'il appelle « ses amis ».

Mais si ! Là-bas, à l'autre bout, ce sont eux... Ils discutent avec deux gars que le jeune fermier ne connaît pas. Ne voulant pas les déranger, il se renfonce dans son encoignure et les observe à la dérobée. Vêtus de robes de soie, les jeunes messieurs sont comme toujours très élégants mais les gars qui les accompagnent n'ont rien d'extraordinaire : l'un vient sûrement de la campagne, l'autre a l'air d'un lettré un peu hirsute, un peu fatigué ; tous deux écoutent avec beaucoup d'attention et des mines de profond respect les histoires qu'on leur raconte. Le jeune homme qui se moquait toujours de Ping leur fait admirer un couteau énorme et, après avoir jeté un regard à la ronde pour s'assurer qu'il n'est pas observé, l'autre tire de sa ceinture un gros revolver noir qui brille ; bouche ouverte, les gars regardent sans rien dire.

« Eh ! crient soudain les aventuriers en fixant le coin où Wang-Ping se terre, eh ! voilà notre jeune agriculteur... Arrive donc, viens te joindre à nous, il y a encore du vin dans notre pot, tu en boiras bien une coupe ? »

Tous les clients se tournent vers Ping qui rougit jusque sous son bonnet et traverse la salle de l'auberge pour s'installer près de « ses amis ».

Le jeune homme au couteau se met aussitôt à le taquiner.

« Ta peau est noire, mon camarade, on dirait que tu sors du four...

« Ta peau est noire, mon camarade, on dirait que tu sors du four... »

— C'est que j'ai fait la moisson : le soleil tapait dur ces temps-ci.

— Tu n'es pas fatigué de ce travail d'esclave?

— Il me faut gagner mon pain. Que voulez-vous que je fasse d'autre?

— On te l'a déjà dit : viens avec nous, tu n'auras pas autant de mal.

— Tu n'aimerais pas vivre comme mon ami et comme moi?

— Vous pourriez m'accepter dans vos rangs?

— Pourquoi pas? Plus on est de fous, plus on s'amuse. Ces deux jeunes gars que tu vois ont quitté leur famille ce matin même pour partager notre sort. Ça ne te plaît pas l'aventure?

— Je ne suis qu'un paysan.

— Tu n'es pas plus bête qu'un autre. Notre vie ne te fait pas envie?

— Oh! si. Ce serait trop beau d'aller avec vous... Mais mon père ne voudrait pas.

— Gros naïf! Il faut partir sans qu'il le sache.

— C'est impossible! Je vous en prie, ne me tentez pas... Je suis l'aîné, voyez-vous, il y a six autres enfants après moi : mes parents ont besoin de mon travail.

— Tu as pourtant l'âge d'être libre, mais si cela t'amuse de mener une vie de forçat...

— Écoute, Ping, explique alors celui qui semble le plus âgé, c'est de bon cœur que nous te proposons de vivre avec nous : ta tête nous plaît, tu comprends. Tu ne veux pas, il n'y a pas de mal mais si jamais tu changeais d'avis je vais t'expliquer comment tu pourrais nous rejoindre.

« En reprenant la route pour descendre dans la vallée du Ho-Bou-Dou, derrière le deuxième bois de sapin, tu tournes à droite et tu t'en vas, droit devant toi dans la direction du mont Pelé, ce pic aride qui, à l'est, domine le paysage. Marche ainsi pendant quatre heures jusqu'à ce que tu trouves un défilé où coule un torrent ; au bord de ce torrent se trouve une hutte en bois ; frappe à la porte et, à la vieille femme qui t'ouvrira, donne ce mouchoir de soie où est gravée la formule conventionnelle ; elle t'indiquera la voie qui mène vers nous. Cache le mouchoir soigneusement et garde-toi de raconter ces choses. N'en parle surtout pas au redoutable auteur de tes jours !

— Je ne dirai rien à mon père, promet Ping qui, pour marquer sa reconnaissance, se confond en salutations.

— Je ne sais pas comment vous dire merci, bégaie-t-il, et c'est très possible que je vous rejoigne d'ici peu.

— Holà, garçon ! Je te cherche... Qu'est-ce que tu fais ? » crie à la porte une grosse voix courroucée.

La récolte vendue, le fermier est entré à l'auberge et de voir son fils en grande conversation avec des inconnus ne lui plaît pas du tout.

« Ce n'est pas ta place, continue-t-il très en colère, tu es trop jeune ; déguerpis et va m'attendre dehors. »

Ping n'ose pas désobéir mais de se voir ainsi humilié remplit son âme de rancœur et les deux jeunes messieurs ricanent derrière son dos.

Sur le chemin de la ferme, pendant qu'ils marchent côte à côte derrière le char à bœufs, le père a demandé à son fils :

« Quels étaient ces deux escogriffes avec des têtes de brigands que tu saluais, à croire que tu les prenais pour des représentants du vénérable Bouddha vivant ?

— Ce sont des gens très bien, père. Ils m'honorent de leur amitié. Je ne faisais rien de mal, après tout, en acceptant de boire une coupe de vin avec eux.

— Des jeunes gens bien, s'est étonné le fermier : ils n'en ont pas l'air ! Cela fait longtemps que tu les connais ?

— Depuis l'automne dernier.

— C'est exactement depuis ce temps-là que tu geins et que tu traînes sur l'ouvrage ; ils te donnent de mauvaises idées. Je te défends de les revoir. »

Ping n'a pas osé répondre mais, dans son cœur, il a pensé : « On verra, je ne promets rien... Après tout j'ai l'âge d'être libre et je ne suis pas un esclave. »

Les nomades ont changé de camp pour se rapprocher des montagnes : l'endroit est propice à la chasse. Le déménagement a duré trois jours et, avec ses mêmes yourtes grises, son même terre-plein, ses haies de bambous qui servent d'abri aux moutons, ce nouveau village est tout semblable au premier.

Par un clair matin d'automne, un de ces matins où, dans la fraîcheur ensoleillée, on aperçoit les choses comme à travers un tamis d'argent, Kumbo est allé à la chasse au renard. Il est parti très ému car son poney va chasser pour la première fois de sa vie. Aura-t-il les qualités qui conviennent à un cheval de chasseur ?

« On verra bien », a dit Gengisser qui a donné ordre à ses hommes de laisser Kumbo courir seul le premier renard : le jeune garçon pourra ainsi se rendre compte tout de suite des qualités de sa monture.

La petite troupe a atteint les premiers contreforts des monts et pendant que, le nez au sol, les chiens furètent dans tous les buissons, les cavaliers escaladent les pentes, dégringolent dans les fourrés et se rendent par petits groupes aux endroits qui leur ont été assignés. Ils connaissent les moindres ravins, les fourrés les plus épais. Si le gibier est conduit adroitement, il passera devant chaque poste et, de relais en relais, la fatigue rendra sa course moins rapide.

Les chiens aboient comme des perdus : ils ont levé un renard. Les chasseurs du premier poste foncent sur lui au galop, crient des menaces, font des pointes avec leur perche et l'obligent ainsi à passer devant le second groupe de cavaliers qui continuent la poursuite... De cavalier en cavalier, le renard est dans la plaine ; c'est là

Le renard va comme un bolide...
Le poney noir s'élance...

que Kumbo l'attend : Kumbo monté sur son cheval.

Le renard va comme un bolide, à croire qu'il glisse sur le sol ; le poney noir s'élance, file, suit sa trace. La bête chassée fait des feintes et de multiples crochets pour essayer de tromper le chasseur qui n'a garde de la lâcher : sa monture colle à la piste et, très vite, Kumbo se rend compte qu'il est à bonne distance pour pouvoir « coiffer » son gibier. Il pousse des cris d'enthousiasme et, debout sur ses étriers, le corps tendu, il tient sa perche en avant... Quand elle se trouve exactement au niveau de la tête de sa victime, il fait retomber le lacet et le renard est étranglé.

C'est une belle bête couleur de feuille morte et

Gengisser auquel Kumbo l'a présentée l'admire d'un air satisfait.

« Bravo, mon jeune chasseur, bravo ! Tu as le coup d'œil prompt et le poignet agile. Je te félicite aussi pour la tenue de ton poney ; je l'ai observé : il n'a pas quitté d'un sabot la trace de ton gibier. Comme cheval de chasseur, il promet ! »

Le chef est avare de compliments d'habitude : ils n'en ont que plus de prix... Kumbo se redresse et son âme s'emplit de fierté.

Durant le long hiver mongol...

Bien installée dans la ferme de la vallée du Ho-Bou-Dou, la famille du fermier Wang-Ta a tout ce qu'il faut pour être heureuse : des sacs de grain plein l'étable; de gros tas de bois et d'argol pour se chauffer l'hiver qui vient; les petites filles grandissent et deviennent fort raisonnables : les deux aînées aident déjà leur maman à faire le ménage et le bébé est tout rond, plein de fossettes et de bourrelets... Mais du matin au soir Ping traîne sa mauvaise humeur et comme un œuf pourri suffit pour gâcher l'omelette, son attitude attriste l'atmosphère familiale.

« Il a seize ans, c'est un mauvais âge », pense sa mère pour l'excuser. Mais quand elle fait peser sur lui son regard, le garçon se sent mal à l'aise.

« Qu'est-ce qu'elle voudrait ? pense-t-il. Me voir rire et chanter toute la journée comme lorsque j'étais un jeune innocent qui ne connaissait rien à rien et s'imaginait bêtement que notre ferme est un paradis. Grâce soit rendue à Bouddha, je ne suis plus si naïf ! »

Parce qu'il a beaucoup à faire et espère changer par le travail les idées mauvaises de son fils, le fermier veille à ce qu'il soit toujours occupé. Après la récolte des patates douces vient celle des cacahuètes, puis il faut creuser les silos...

« On n'a jamais fini dans ce fichu métier, gronde Ping exaspéré : j'ai pourtant l'âge d'être libre, comme disaient les jeunes messieurs, à la ville. Mais voilà, j'ai peur de mon père, je manque de courage pour mettre fin à mon esclavage. »

Quand, par hasard, le garçon se trouve seul et tranquille dans un coin, il retire de sa poche le petit carré de soie où est inscrite la formule qui peut le conduire à la demeure de ses amis, à cet endroit de délices où, selon leurs dires, on boit de l'arak [1] comme à la ferme on boit du thé, où l'on dort, où l'on mange de bonnes choses, sans rien faire d'autre tout le long du jour. De ne pas savoir grand-chose sur la vie des aventuriers excite l'imagination du garçon.

Au loin, les premières neiges blanchissent le sommet des montagnes.

« Il serait temps que je me décide. Si je ne rejoins pas maintenant mes amis, avec l'hiver

1. Boisson fermentée, faite en Mongolie, avec du lait de jument.

qui vient tous les chemins seront bloqués. »

Et un beau matin, sans prévenir, sans dire au revoir à personne, Ping se sauve de la ferme. Le jeune fermier sent qu'il a tort de se cacher ainsi des siens mais il n'aurait jamais pu partir sous le regard de sa mère ni répondre aux questions de ses petites sœurs.

Il trouve facilement la vieille dans la cabane au bord du torrent ; elle lui donne un autre mouchoir de soie et lui dit de le porter à un homme qui habite plus loin encore dans la montagne. Pour arriver jusque-là, le garçon suit pendant des heures et des heures une piste caillouteuse, la nuit venue, dort au fond d'un ravin et continue à marcher tout le jour suivant.

« Pristi, pense-t-il, mes amis en prennent des précautions : c'est aussi difficile de les joindre que d'essayer de rencontrer le Bouddha vivant. »

Ping a du mal à trouver l'homme qui loge dans une grotte un peu à l'écart de la piste. Celui-ci le fait dormir avec lui et, le lendemain matin, le conduit plus avant encore dans la montagne, au pied d'un gros mont sauvage :

« C'est le mont Pelé, pense le fermier, j'en suis sûr. »

Face au rocher, son conducteur siffle alors trois fois, très fort. Comme s'il sortait de la pierre, un individu armé apparaît, puis un autre, encore un autre... Ping se trouve bientôt entouré d'une vingtaine de gaillards à la mine peu rassurante.

« Eh ! crie l'un d'entre eux. C'est notre petit

Ping se trouve bientôt entouré d'une vingtaine de gaillards...

paysan de la vallée du Ho-Bou-Dou... Tu t'es décidé enfin... »

Et le garçon reconnaît le grand jeune homme qui le taquinait à la ville. Ici, dans ce cadre sinistre, habillé sans prétention, c'est vrai ce que disait son père : il a un peu l'air d'un brigand.

« Viens donc, continue l'autre, approche... Tu n'as quand même pas peur de nous ? Arrive donc que je te fasse les honneurs du domaine. Glisse-toi entre ces roches. »

Le petit fermier n'est pas rassuré. A la suite du grand jeune homme il contourne une pierre et se faufile dans une fissure du rocher... Il glisse pendant trente interminables secondes dans un couloir étroit, obscur, pour déboucher enfin dans une grotte immense éclairée par des lampes à huile qui pendent çà et là au plafond. Dans un coin, assis devant une table de bois grossier, deux hommes mangent goulûment ; dans un autre, sur un kang[1], quelques dormeurs ronflent et, près d'un feu au charbon de bois, des serviteurs s'affairent. Parmi eux Ping reconnaît le petit lettré à lunettes qu'il a vu à la ville en automne.

« Voilà ! dit le grand jeune homme en riant. Comme tu le vois, notre palais est une caverne et c'est ici que tu vas vivre : tu nous aideras, tu nous serviras.

— Mais je croyais qu'auprès de vous je n'aurais pas à travailler !

— Il faut toujours gagner sa vie : en échange

1. Lit chinois, en briques, sous lequel on fait du feu.

de tes services nous te nourrirons. Tu mangeras bien, je te le promets, et je m'en vais t'attacher tout spécialement à mon service ; ta tête me plaît, je te l'ai déjà dit mais j'exige de toi des égards : pour les autres je suis Djali, « le gars qui joue avec la mort » ; pour toi je serai le « Taï-pan [1] ».

« Et commence tout de suite à travailler : enlève mes bottes, vite, et nettoie-les, fais-les briller... »

Quelle amère désillusion ! En attirant Ping dans leur tanière, Djali et son camarade avaient cherché, tout simplement, à se procurer un domestique en plus, un esclave. Avec quelques autres garçons séduits comme lui par de belles paroles, le jeune fermier avait, dans cette caverne, à entretenir, à nourrir une trentaine d'individus braillards, pleins d'exigences et de prétentions. Parfois tous ces hommes ensemble disparaissaient pour un temps et alors on avait la paix, Ping pouvait parler, s'épancher, geindre avec le jeune lettré plus hirsute que jamais et qui s'appelait Chang.

« J'ai été fou, disait-il, tout est tellement mieux chez mon père.

— Ce sont des brigands, expliquait l'autre, des voleurs : ils rançonnent les caravanes tibétaines qui empruntent les cols pour descendre dans les vallées : cette caverne de malheur communique par des couloirs secrets avec trois de ces cols.

1. Maître.

Pour exercer leur métier nos chenapans sont bien placés ! Tu vas les voir rentrer tout à l'heure avec leur butin.

— Ne pourrions-nous pas nous sauver tant qu'ils ne sont pas là ? J'ai essayé vainement de retrouver le long couloir par lequel je suis entré : tu ne veux pas me l'indiquer ?

— Impossible ! J'ai cherché, moi aussi, tu penses... Il y a beaucoup de fissures, de couloirs, qui débouchent dans cette caverne mais trois seulement conduisent à l'extérieur : je ne les connais pas.

— Essayons-les tous, nous finirons par tomber sur le bon. Il me faut partir d'ici.

— Garde-toi de t'engager à la légère. Cette grande salle est au cœur d'un véritable labyrinthe et c'est courir à la mort que d'y aller sans guide... Tu te rappelles le jeune paysan qui était avec moi à l'auberge ? Il a essayé de se sauver de cette façon et s'est égaré dans le dédale des corridors. Nous l'avons entendu hurler pendant trois jours, demandant qu'on vienne le chercher ou qu'on l'aide à retrouver son chemin.

— Pourquoi le laisser si longtemps ?

— Les voleurs riaient et disaient que c'était bien fait, que c'était le sort qui attendait ceux d'entre nous qui essayaient de reprendre leur liberté.

— Au bout de ces trois jours, on est allé le chercher ?

— Non.

— Qu'est-ce qui est arrivé, alors ?

— Il a crié de moins en moins fort puis on ne l'a plus entendu...

— C'est affreux ! »

« Dans quel guêpier me suis-je fourré, pense Ping. Que n'ai-je écouté mon père... »

Mais dans sa tête de paysan rusé un plan s'ébauche. Pour essayer de se tirer d'affaire, il va feindre la soumission, l'admiration pour les bandits : « Je serai plat, complaisant, servile. Quand j'aurai gagné la confiance de Djali, je lui demanderai de prendre part à une expédition et, une fois dehors, pfuut... je me sauverai comme un lapin. Ah ! revoir de nouveau le soleil, travailler encore à la ferme, ce serait maintenant le bonheur... »

L'hiver est entré dans sa pleine rigueur, la neige bloque les cols, les caravanes ne passent plus et, dans la caverne, les serviteurs doivent supporter tout le long du jour l'humeur maussade de leurs maîtres. Fidèle à sa résolution, Ping est doux, soumis, patient ; il s'introduit pas à pas dans l'intimité de Djali, se fait conter ses aventures, les ponctue d'exclamations enthousiastes et, un jour, ose risquer :

« Ne me prendrez-vous pas une fois avec vous, Taï-pan ? »

L'autre le regarde d'un air où pointe le doute.

« Tu le voudrais vraiment ?

— Si je le voudrais ! Je rêve de prendre part à une de vos expéditions.

— Tu ne dis pas ça pour te faire bien voir et endormir ma méfiance ?

— Pensez-vous ! Je suis tellement heureux ici.

— Ouais... Et quand je relâcherai ma surveillance, quand tu en auras la possibilité, pfuut... adieu... Je ne te verrai plus.

— Où voulez-vous donc que j'aille ? Mon père ne me recevrait pas.

— C'est juste.

— J'étais malheureux à la ferme et je suis absolument décidé à faire ma vie avec vous. Je vous assure que vous pouvez me faire confiance.

— Peut-être.

— J'aimerais tant connaître l'aventure. Vous me permettrez bien, un jour, d'aller me battre avec vous ?

— Je ne dis pas non. Si tu me sers avec docilité, un peu plus tard, on verra. »

Et Ping continua de plus belle à flatter son maître, mais à force d'entendre les exploits de ce voleur, à force de feindre de les admirer, il commença à les admirer réellement... Il voyait les gestes énergiques, l'initiative, le courage, il ne remarquait plus la malhonnêteté, l'injustice, la cruauté de son chef. Vint le temps où le jeune paysan désira moins se sauver que prendre place au côté du brigand, de serviteur devenir un maître et ramener lui aussi du butin : au contact des pommes pourries, les pommes saines se gâtent toujours.

Voilà dix jours qu'il neige et si les cols sont impraticables, dans la steppe implacablement blanche toute trace de vie s'est glacée. Agglutinés, pressés contre les haies des bergeries, les chameaux, les moutons mettent en commun leur chaleur et les fiers chevaux se sont aussi rapprochés des hommes. En leur tombant sur le dos, la neige fond, regèle et leur fait une lourde silhouette tout encroûtée de glace.

Va comme le vent aura bientôt deux ans. C'est un cheval très vigoureux. L'hiver dernier, jeune poulain sans défense, il se sentait en sécurité près de sa mère qui le protégeait, le réchauffait ; cet hiver, à regarder de loin la fumée qui s'élève des yourtes, son cœur fidèle est satisfait. Parfois, la porte de feutre d'une tente se soulève, une ombre se glisse au-dehors et la voix de Kumbo s'élève :

« Eh ! *Va comme le vent*, eh... »

Le poney s'approche alors gauchement et le garçon le caresse, lui parle, détache les glaçons qui pendillent à son poil.

« Mon pauvre ami, dit-il, mon poney ! Quand je serai vraiment un homme, quand je serai marié et que j'aurai ma tente personnelle, je t'y ferai une litière pour que tu n'aies plus aussi froid... Maintenant le chef ne veut pas : il dit que dormir à l'abri des intempéries amollirait ton tempérament, que tu dois pour devenir un bon cheval des steppes être aguerri aux rigueurs de l'hiver. Tu n'as pas trop froid, dis ? »

Alors la bête souffle dans la main de son

maître comme pour montrer son amitié, et s'empare de la friandise, un morceau de sel le plus souvent, que Kumbo lui a apportée. Puis, sous le ciel de zinc qui déverse sa neige, il s'en va rejoindre ses frères.

Le temps s'est enfin dégagé. Les rayons obliques du pâle soleil d'hiver ont percé le ciel opaque et réchauffé le dos glacé des animaux. La vie revient dans la plaine et Kumbo reprend ses courses sur une neige dure, craquante, pulvérisée par le gel.

Les nomades s'aperçoivent que leur provision de thé s'épuise. Il y a encore plus d'une lune avant la nouvelle année qui annonce, là-bas, le printemps et l'arrivée des marchands ambulants : on ne peut pas se passer de thé aussi longtemps et Gengisser donne l'ordre à Aïka d'aller en acheter à la lamasserie proche.

« En deux jours, tu fais la course et, par la même occasion, tu salueras mon second fils ; tu lui diras que nous allons bien. Prends donc Kumbo avec toi ; l'hiver est long pour ce garçon qui a besoin de se distraire. »

Mais la veille du jour prévu pour le départ, Aïka est terrassé par la fièvre : il ne pourra pas partir.

« Laissez-moi aller seul, implore Kumbo.

— Tu es trop jeune, répond la mère de Surong, qui s'inquiète pour le jeune garçon comme elle s'est inquiétée pour ses fils.

— Jeune ! Je suis un homme, j'ai presque quinze ans...

— S'il t'arrivait des ennuis en route ?

— Je saurais me débrouiller. N'ai-je pas bien réussi mon épreuve de chasseur ? Et avec *Va comme le vent*, que voulez-vous qu'il m'arrive ?... Je vous en prie, permettez-moi.

— Le temps est beau, je ne vois dans l'air aucun indice de tempête et les garçons doivent s'aguerrir : laissons-le aller, femme », décide Gengisser.

Puis, le chef fait ses recommandations :

« Tu me promets de ne pas t'attarder ? Un jour pour aller, un autre pour revenir, peut-être un jour de repos là-bas, c'est plus qu'il n'en faut. Le temps est au beau, bien sûr, mais, en cette saison, il change vite et je ne voudrais pas qu'une tempête de neige vienne te surprendre en route ! »

— Ne vous faites pas de soucis, père : je serai prudent. »

Le lendemain, le jeune Kumbo s'est levé bien avant le jour. Il a mis ses culottes et sa veste de souple fourrure d'antilope, sa robe doublée de loup et a glissé du côté droit de sa ceinture la gaine qui contient son couteau et ses baguettes, du côté gauche l'écuelle de bois sans laquelle aucun Mongol ne se déplace ; Surong a attaché à sa selle une bouilloire pour faire du thé en chemin, un sac d'avoine pour le poney et quelques vessies remplies de beurre qu'il a mission d'offrir aux lamas.

« Ne traîne pas là-bas, a encore répété Gengisser, et sa femme a insisté :

— Si tu n'étais pas rentré dans trois jours, nous serions inquiets. »

Et le garçon est parti... *Va comme le vent* a trotté, galopé tout le long du jour, la neige craque sous ses sabots et, à l'heure où le soleil se couche, dans le ciel teinté de rouge, Kumbo aperçoit les toits du monastère de Goltaï.

Les lamas qui le connaissent bien le reçoivent comme un ami et le petit moine, le fils du chef, est tout heureux d'avoir des nouvelles de sa famille.

« Tu vas te reposer, décide-t-il, ton cheval en a besoin et nous avons un grand office demain matin. Je sais que tu aimes nos cérémonies.

— J'assisterai volontiers au grand office, a répondu Kumbo : en partant le jour suivant au lever du soleil, j'arriverai avant la nuit et les parents ne s'inquiéteront pas. »

Le lendemain, les moines mettent leur longue robe de soie jaune, leur coiffure rouge qui leur

Kumbo aperçoit les toits du monastère de Goltaï.

fait comme une crête de coq et, rangés en demi-cercle dans le temple, ils psalmodient durant des heures : leur chant s'élève implorant, angoissé, pendant que le gong résonne à longs coups lugubres. Dans la cour, près de la porte large ouverte, Kumbo tourne entre ses genoux un moulin à prière et répète sans se lasser la formule : « *Om mané padme hum... Om mané padme hum*[1]... » C'est ainsi que l'on prie là-bas.

Le garçon passe tranquillement sa soirée avec les moines auxquels il raconte les exploits de son poney, puis, dans la cellule réservée aux

1. « Oh ! fleur cachée dans le lotus », formule de prière.

invités, s'endort sans aucun souci... Mais le matin suivant, au moment de se mettre en route, le ciel bas est plein de neige.

« Hum ! constate le portier, le temps n'annonce rien de bon.

— Tu ne crois pas, fait remarquer le petit moine qui attache les deux ballots de briques de thé à la selle du cheval, tu ne penses pas qu'il vaudrait mieux rester ici ?

— Bah ! répond Kumbo, l'air est calme : je ne sens pas un fil de brise.

— Oui, mais la neige va tomber...

— La neige ne me fait pas peur.

— Je n'aime pas cette atmosphère lourde et tranquille : elle précède souvent l'ouragan. Si le blizzard se déchaînait...

— Le vent n'est pas pour aujourd'hui : j'ai tout le temps d'arriver. Si je reste, je ne pourrai peut-être pas partir demain et ils s'inquiéteront là-bas.

— A ta place j'attendrais quand même.

— Mais non, mais non ! J'irai plus vite que la tempête.

— Que Bouddha t'entende et te protège ! »

Suivi par le regard inquiet du jeune moine, le cavalier s'est éloigné. Sur son cheval, il a belle allure et bientôt il disparaît dans un nuage de neige poudreuse...

Kumbo galope sans répit, mais le froid se fait très vif. Il y a dans l'air comme de la tension,

Les lamas qui le connaissent bien le reçoivent comme un ami.

de l'angoisse et le ciel s'est transformé en une masse solide et lourde qui semble vouloir écraser la terre. « C'est à se demander si je n'ai pas fait une imprudence ?... J'aurais dû rester à la lamasserie », pense le jeune Mongol qui harcèle sa monture à coups de talons nerveux.

Un flocon tombe et tourbillonne... En voilà un second, un troisième, beaucoup d'autres qui tournent dans l'air devant lui, pailletés, brillants, éblouissants... Le froid s'accentue encore ; la neige est sèche, coupante : c'est de la glace en poudre qui brûle et le garçon a bien du mal à tenir les yeux ouverts.

« Je n'ai pas fait le tiers de la route : jamais je n'arriverai au village dans ces conditions... Je suis plus près du monastère et j'ai envie d'y retourner. »

Et Kumbo tire sur les rênes pour faire faire demi-tour au poney.

« A la lamasserie, murmure-t-il, va vite. »

Mais le vent se lève et se mue très vite en rafale... Le cœur de l'enfant se serre. Il n'a pas peur, mais il sait que la force humaine n'est pas capable de résister à une tempête dans la steppe.

Des coups de vent brusques soulèvent maintenant la neige qui vient de tomber. Celle-ci s'amasse en vagues, se désagrège en tournant, se dilue en fumée grondante et reforme, un peu plus loin, ses tourbillons qui aveuglent.

La tempête soulève à gauche, à droite, un peu partout, d'immenses colonnes de neige et de sable. Noyé dans cet amas de poussière blanche, perdu dans cet enfer, Kumbo a ralenti la marche de son cheval ; protégeant ses yeux de son bras, il se penche sur l'encolure pour essayer de s'orienter : va-t-il à l'est, à l'ouest, au sud, au nord ? Pas moyen de le savoir : il ne voit pas le soleil... Le froid le perce jusqu'à la moelle.

« Je tourne en rond : il faut au moins que j'essaie d'avancer tout droit. »

Ses doigts engourdis s'efforcent de diriger sa monture. Mais la bête est récalcitrante, elle veut aller de son côté et, pour montrer son désaccord sur la direction qu'essaie de lui imposer son cavalier, hennit, hennit encore...

La tempête soulève d'immenses colonnes de neige et de sable.

La tempête s'abat à nouveau, bien décidée à tout détruire. Le garçon a tellement froid qu'il n'arrive plus à faire travailler son cerveau ; il se secoue, se crispe pour rattraper ses pensées : rien à faire, elles lui échappent, se défont, s'évanouissent... Le petit poney trotte toujours.

Kumbo sommeille sur sa monture ; c'est très mauvais cette torpeur ; quand on s'endort dans la neige, on ne se réveille plus : tous les Mongols le savent, mais le garçon n'a pas le courage de réagir et ne tient plus en selle que par un réflexe habituel ; rênes lâchées, le cheval va où il veut, joue du poitrail et, courageux, solide, s'insinue dans les tourbillons.

Où va ainsi le petit Noir ? Son cavalier n'y pense pas... Il a perdu connaissance.

Mais, qu'est-ce qui arrive ? Ce calme... ? *Va comme le vent* s'est arrêté contre une masse de pierre sombre qui met son maître à l'abri du vent.

Kumbo a ouvert les yeux et réalise peu à peu qu'il se trouve devant le grand obo [1], le monument que ses ancêtres ont érigé à la gloire d'un lama célèbre; il pense à l'excavation, au trou qui est creusé dans cette butte de pierre : « Je pourrais m'y réfugier pendant que dure la tempête. » Mais comment mettre pied à terre quand vos membres raidis, insensibles ne peuvent plus vous obéir? Le garçon se laisse tomber sur le sol : il est bien là, il va dormir...

D'un coup de sabot brutal, le cheval réveille son maître qui retrouve juste assez de force pour se mettre à l'abri. Il rampe, il se glisse, atteint l'excavation à peine profonde de deux mètres : cette niche suffira. Protégé du souffle infernal qui bouleverse la steppe, le garçon reprend conscience.

Autour de lui il y a du bois, quelques souches, des branches sèches, reste du feuillage que les fidèles ont apporté l'été dernier à la fête du Tchim, pour garnir l'obo et rendre hommage au lama. Kumbo les ramasse en tas, frotte son briquet de silex et allume du feu.

A la chaleur qui se dégage de la flamme claire, il sent la vie revenir en lui.

« Si je faisais du thé, cela me remettrait tout à fait. »

La bouilloire remplie de neige se trouve

1. Pyramide de pierres élevée en l'honneur d'un saint homme.

bientôt au milieu des cendres. Pendant que *Va comme le vent* mâche son avoine, Kumbo met du millet dans son bol, l'arrose de thé bouillant : la chaleur de la nourriture l'emplit d'une force neuve.

Le jeune garçon ramasse alors autour de l'obo tout le bois qui traîne et en recharge son feu ; bien au chaud, il peut s'endormir sans crainte : debout, immobile à l'entrée de l'excavation, son cheval veille sur lui.

Le petit Mongol dort ainsi toute la soirée, toute la nuit... A son réveil, le matin suivant, le vent est tombé, il ne neige plus, l'air a repris sa limpidité de cristal.

« Allons ! En route, dépêchons : on doit s'inquiéter chez nous. »

Eh oui, on s'était inquiété au village ! Le chef avait senti venir la tempête et soulevait, à chaque minute, la portière de feutre pour ausculter le ciel houleux.

« Il est sérieux, ce garçon, répétait Gengisser à sa femme, comme s'il voulait en la rassurant se convaincre mieux, ce n'est pas un imprudent : il sera resté au monastère.

— Oui, oui, répondait la bonne Assa, notre Kumbo est réfléchi. » Et elle cachait l'angoisse qui emplissait son cœur. « A cet âge, on ne pense guère au danger. Il a promis de rentrer ce soir même et n'aura pas voulu se mettre en retard. » Elle le voit, cet enfant aimé, elle l'imagine perdu dans la neige...

Surong a peur aussi. Elle n'ose pas questionner ses parents et, sans rien dire, devant l'autel de laque rouge qui trône au fond de la tente, a brûlé une poignée de bâtons d'encens.

« Demain matin, a déclaré Gengisser, la tempête sera calmée et je partirai à la rencontre de Kumbo. J'irai jusqu'au monastère car je suis sûr qu'il y est resté. »

C'est ainsi qu'au milieu du jour, alors qu'il galopait vers le village, Kumbo vit s'avancer au-devant de lui toute une délégation : son père sur la jument grise, Surong qui le regardait avec des yeux remplis de larmes, Aïka prêt à se moquer et trois ou quatre autres chasseurs.

« Que venez-vous faire par ici ?

— Nous allions à ta rencontre... Cette tempête nous avait inquiétés.

— Et toi ? Tu n'étais pas au monastère ? Tu n'as pas l'air d'avoir souffert ? Où as-tu donc passé la nuit ? »

Alors le jeune Mongol raconte la tempête dans laquelle il s'est trouvé pris, sa torpeur...

« C'est extraordinaire que tu sois ici, répondent les gens du village. D'habitude, quand le froid a endormi quelqu'un, c'est mortel.

— Oui, mais j'avais mon poney. Il est si intelligent... Je me trouvais sans connaissance et il m'a conduit à l'obo, m'a forcé à m'y abriter. Peu à peu, j'ai repris mes sens. »

Le chef contemple, tout ému, le petit Noir,

Surong lui caresse la crinière et Kumbo continue, enthousiaste : « *Va comme le vent* est plus qu'un cheval, c'est mon ami, c'est mon frère, car il m'a sauvé la vie. »

C'est un peu après cette tempête que, dans la caverne de la montagne, deux hommes que Ping n'a jamais vus sont venus parler aux voleurs.

« Eh oui ! ont-ils expliqué à voix haute, les étrangers qui résident en Chine, dans les grandes villes de la côte, sont très amateurs de chevaux. Ils s'en servent pour organiser des courses et

« Si vous pouvez vous procurer des poneys, je vous les achèterai un bon prix... »

jouer à ce qu'on appelle « le polo »... Un amusement bizarre où, d'une monture à l'autre, les cavaliers se renvoient une balle comme des enfants. Si vous pouvez vous procurer des poneys, je vous les achèterai un bon prix : il y a dans ce trafic de grosses sommes à gagner. Et les chevaux ne manquent pas dans la steppe derrière les monts... Avec un peu d'audace et de l'adresse vous pouvez faire de bonnes affaires. »

Les voleurs n'avaient pas vu une caravane depuis le début de l'hiver, ils s'ennuyaient et se dirent que cette idée n'était pas mauvaise.

Un vol vraiment diabolique

Avant la visite des étrangers, les voleurs passaient leur temps à boire, à houspiller leurs domestiques ou à se disputer en jouant au mah-jong... Ils sont maintenant remplis d'entrain, ne parlent plus que de chevaux, élaborent mille systèmes pour s'en procurer à leur façon. Ils chuchotent, discutent dans les coins, et la caverne est toute vibrante de leurs projets. Djali, le plus intelligent de la bande, s'entretient longuement avec Jaô, qui, à cause de son âge et du poids de son autorité, s'est imposé comme chef. Il a fait tous les métiers, le vieux Jaô, participé à bien des complots et son expérience est grande.

« Tu peux me croire, explique-t-il à Djali, car dans mon jeune temps, j'ai fait partie d'une bande spécialisée dans les raids contre les troupeaux mongols, la chose demande à être organisée comme une expédition militaire : il faut réfléchir à l'avance, ne rien laisser au hasard et alors tout se déroule comme un jeu. Si nous voulons réussir, nous devons prévoir des relais, car nos montures seront trop fatiguées pour être capables d'encadrer les chevaux volés et ils fuiront çà et là. »

Quand les deux chefs ont mis les choses au point, ils réunissent leurs camarades autour de la table, devant une coupe de vin fumant et exposent leurs projets.

« C'est très bien, approuve l'un.

— Il faudra, recommande un deuxième, faire partir quelqu'un en reconnaissance dès que les cols seront praticables. Vous devriez y envoyer Yu-Lin, notre musicien : les Mongols sont si friands de chansons ! Il irait de village en village en chantant ses cantilènes et sans en avoir l'air, ouvrirait l'œil, observerait les troupeaux, le terrain...

— Ce serait une bonne idée. Qu'en pense notre rossignol ?

— Je veux bien, répond Yu-Lin, mais cette mission est dangereuse, il me faudra une double part de profit.

— Double part, c'est un peu beaucoup ! Je te promets pourtant une jolie récompense si tu fais ta besogne avec promptitude et intelligence.

— Et les chiens, a fait remarquer un troisième, vous n'avez pas pensé aux chiens qui veillent sur les troupeaux ; les gardiens préposés à cette tâche ne s'inquiètent que si les chiens donnent de la voix : ces bêtes vont aboyer à notre approche.

— C'est vrai. Nous n'avons pas résolu le problème des chiens.

— Il faudrait les empoisonner : quelques boulettes d'arsenic...

— Ah ! non, pas d'arsenic ! Ce poison est trop rapide : que penseraient les gardiens en voyant leurs chiens tomber morts ?

— Je propose les graines de pavot : leur effet soporifique est sûr mais pas immédiat. Une bonne dose dans la pâtée du soir n'empêcherait pas les bêtes de rejoindre leur poste aux abords du troupeau. Là, elles s'endormiraient et nous laisseraient agir en paix.

— Qui mélangera les graines de pavot au repas des chiens ?

— Le chanteur, pardi ! Il n'a pas son pareil pour trouver une astuce.

— Bonne idée, on ne se méfie pas des troubadours.

— Tu pourrais te charger de ce travail, Yu-Lin ?

— Je le pourrais, mais... C'est une besogne délicate et je ne prends pas de risques sans salaire. Promettez-moi de doubler ma prime...

— Je t'offre une part et demie.

— J'en veux deux ou je ne fais rien.

— Soit... A condition qu'il n'y ait pas un aboiement. »

Les plans établis, reste à désigner les membres de l'expédition. La bande compte vingt-cinq compagnons jeunes, alertes, et le vieux Jaô est assez souple encore, assez bon cavalier pour les diriger. Mais il faut au moins trente hommes pour exécuter «le vol au relais»... On devra choisir parmi la troupe des domestiques cinq ou six jeunes garçons, les plus sûrs.

Et Djali a proposé Ping.

«Ce paysan mal dégrossi !

— Ce cul-terreux, ce rat des champs !

— Pas d'accord : il a l'air trop bête.

— Il n'est pas très intelligent, mais je le trouve dévoué.

— C'est un nouveau et je ne puis lui faire confiance. Nous ne l'avons jamais mis à l'épreuve.

— Cette expédition sera «son épreuve».

— Ouais ! c'est facile à dire... Et s'il fait tout échouer ?

— Même s'il le voulait, ce n'est pas possible, encadré et surveillé par nous tous.

— Et comme l'a dit Chang, ce fermier n'est pas assez malin pour prendre de l'initiative.

— S'il arrive de la bagarre, il est si peu dégourdi qu'on le prendra tout de suite.

— Quand on se bat, vous le savez aussi bien que moi, il y en a toujours un ou deux qui écopent. Je préfère que ce soit lui que nous.

— Pendant que nos adversaires seront occupés avec sa personne, nous aurons le temps de prendre la fuite.

— Si on le fait prisonnier, il parlera, indiquera notre cachette.

— Aucune importance, répond Jaô en élevant la voix. De toute façon, lorsque, à la fin du printemps, nous aurons comme je l'espère écumé tous les troupeaux du plateau des Oum-Tchim-Sin, les Mongols seront pleins de rage et la plus élémentaire prudence nous commandera de déménager... Alors, un peu plus tôt, un peu plus tard...

— C'est vrai ce que tu dis, vieux Jaô.

— Et je connais à quatre cents lis vers le nord une caverne bien située pour nos projets et presque aussi confortable que celle-ci : elle fera notre affaire. »

C'est ainsi qu'on décida de prendre Ping dans la troupe ; de domestique des voleurs, il devenait voleur lui-même : il fut très fier de cette « promotion ».

Aussitôt que le dégel a dégagé les cols, chevauchant une vieille mule, son violon en bandoulière, Yu-Lin s'en va d'un village de yourtes à un autre. Les nomades ont été sevrés de distractions pendant les longs mois d'hiver et ils accueillent avec enthousiasme le jeune musicien. Il chante des soirées entières ; en chantant, il écoute les conversations et, la journée, sous prétexte de chercher l'inspiration pour de nouveaux chants, arpente la steppe, compte les troupeaux, note leur situation exacte. Quand l'espion revient à la caverne, il a tous les renseignements nécessaires.

Jaô et Djali établissent alors le programme des «activités du printemps» et décident que, pour son premier raid, la bande s'attaquera aux troupeaux établis le plus près de la montagne : ce sont ceux de Gengisser.

Ils fixent la date de cette expédition : la quatrième nuit de la deuxième lune.

Accompagné d'un autre musicien, le chanteur

Chevauchant une vieille mule, son violon en bandoulière, Yu-Lin s'en va d'un village à un autre.

arrive au village deux jours avant la date fixée et organise une soirée. Les nomades sont si contents, si heureux de se distraire qu'ils chantent jusqu'au matin, puis tuent deux moutons gras et offrent aux artistes un banquet.

Vers le soir, après avoir bien mangé, bien bu, Yu-Lin et son compagnon s'inclinent trois fois devant le chef.

Ils s'éloignent sur leur mule et, comme par hasard, passent au milieu du troupeau devant la

tente de toile qui abritera les gardiens la nuit. Ceux-ci viennent à peine de cuire la pâtée des chiens, une bouillie de maïs avec des morceaux de viande, et l'ont mise à refroidir, un peu plus loin, dans un baquet.

« Tout va bien », pense Yu-Lin qui désigne du regard la cuve à son complice.

D'un signe discret, l'autre montre qu'il l'a vue et tâte la poche pleine de graines de pavot pilées suspendue à sa ceinture...

« Hé là ! leur crie Aïka, vous êtes donc muets aujourd'hui ?

— Vous étiez plus joyeux hier, continue le deuxième gardien. Mes ancêtres, il y avait des années que je n'avais entendu d'aussi bonne musique !

— Chantez-nous encore quelque chose...

— C'est que nous sommes pressés : nous nous sommes attardés chez les vôtres. Il nous faudra galoper toute la nuit.

— Bah ! Les étoiles vous guideront et de nous chanter un petit couplet ne vous retardera guère.

— Si vous y tenez... Mais c'est bien pour vous faire plaisir. »

Et les compagnons descendent de leur mule, accordent leurs instruments.

« Que voulez-vous que nous chantions ?

— J'aimerais entendre encore *la cantilène du chamelier*.

— Moi aussi. En l'écoutant hier soir, j'en ai eu les larmes aux yeux.

— Va pour la cantilène. »

S'accompagnant en sourdine, les musiciens attaquent d'une voix sonore :

Quand les flammes du soleil levant éclairent ma
[chevelure,
Quand les neiges éternelles se teintent de pourpre
[et d'or,
Je pense à toi.
Quand la première étoile s'allume sur les yourtes,
Et quand la lune pâle se colore de rouge,
Je pense encore à toi
Tout en suivant la caravane...

« C'est beau, dit l'un des pasteurs, c'est très beau mais je préfère encore *la complainte du cavalier qui a perdu son cheval*. Tu peux me donner le ton?

J'avais un si beau poney
A la robe couleur de nuage,
Un jour il s'en est allé...

— Non, non, interrompt Aïka, assez de complaintes et de tristesse. J'aime les chansons qui font rire et tu vas nous dire, musicien, *la ritournelle du chasseur*. »

Yu-Lin chante tout ce qu'on lui demande et son complice l'accompagne jusqu'à ce que, comme par hasard, une corde saute à son instrument. Discrètement, pour ne pas interrompre la chanson, il se retire un peu plus loin, près du baquet qui refroidit, remet sa corde puis, d'une main preste, plonge dans la poche suspendue à sa ceinture, saupoudre la nourriture des chiens...

Et il revient en accordant son violon.

Le tour a été bien joué ! Avec des saluts, des sourires, les musiciens prennent congé des gardiens et disparaissent dans la steppe.

Dans la caverne au pied des cols, la bande des trente brigands s'apprête et Wang-Ping fait partie des trente. Un Wang-Ping tout fier de la jument baie qu'on lui a donnée à monter ; une bête aux membres souples et bien découplée : « Avec elle, si je suis poursuivi, on ne pourra jamais m'atteindre. »

Réalisant point par point leur plan, les bandits ont quitté leur antre au milieu de la journée et laissé huit hommes au pied des monts, à l'entrée d'une espèce de cirque aux parois inaccessibles qu'ils appellent « le fer à cheval ».

Ils ont l'intention d'y diriger les poneys qui seront là comme pris au piège. Ce sera un jeu de les cueillir au lasso et de les traîner dans la caverne où ils attendront le moment propice pour être conduits au Jéhol et revendus un bon prix.

Les brigands disposent ensuite, par trois fois, un poste de six hommes sur la piste. Quand ils apercevront les chevaux volés poursuivis par leurs camarades, ces hommes les prendront en charge pour les forcer vers le poste suivant : encadrées par des cavaliers aux montures fraîches, de relais en relais, les bêtes affolées atteindront le fer à cheval.

Lorsqu'elle arrive en vue du village de Gengisser, la bande est réduite à cinq gredins qui en valent bien vingt. Dans le soleil qui se couche, les moutons sont comme une masse grise et houleuse, les chameaux étendus ruminent et la tente de toile des gardiens fait une tache noire tout près de la manade de chevaux ; ceux-ci vont, viennent entre les plaques de neige qui stagnent encore aux creux du terrain ; détachés du gros du troupeau, une vingtaine de poneys broutent un peu plus loin, vers le nord.

« Bonne chose ! pense Djali. S'ils restent isolés cette nuit, ce sera un jeu de les éloigner un peu plus... »

Il fait signe aux camarades de rester là, glisse de sa monture, avance sans se montrer et, caché derrière un mamelon, observe l'adversaire. A un demi-li vers le sud, les gardiens se chauffent à un feu d'argol. Ils sont trois... Le temps fraîchit, le soleil descend... Djali aperçoit de loin les musiciens, ses compères, qui avancent au pas tranquille de leur mule, s'arrêtent, parlent avec les Mongols et sortent leurs instruments... Portées par la brise, des bouffées de chansons parviennent aux oreilles du bandit : « Pourvu que les deux camarades réussissent à droguer les chiens ! »

Quand les chanteurs se sont éloignés, les gardiens appellent leurs chiens ; aux cris furieux qui lui parviennent, Djali devine que, derrière la tente, les bêtes se disputent autour du repas du soir...

Puis, une à une, houspillées par leurs maîtres, elles s'en vont rejoindre leur poste, çà et là en bordure du troupeau. Comme elles avancent lourdement...

« Yu-Lin, gentil troubadour, tu as bien rempli ta mission ! » pense le bandit satisfait.

La nuit est tombée. Il fait noir. Couchés sous l'abri de toile, deux gardiens dorment déjà.

Après un coup d'œil aux alentours pour s'assurer que tout est calme, le troisième bâille avec bruit et rentre aussi sous la tente.

En principe, ce dernier doit rester dehors toute la nuit. Mais brrr... Le vent est froid ! Pourquoi n'irait-il pas se réchauffer quelques minutes près de ses deux compagnons ? Ne font-ils pas de même quand c'est leur tour de veiller ? Il n'arrive d'ailleurs jamais rien...

Les loups sont dans la montagne et n'oseraient pas s'approcher d'un troupeau bien gardé ; quant aux tigres, aux panthères, les grands-pères en parlent encore mais on n'en voit plus jamais : ils font partie de l'histoire ancienne. Le gardien, qui est consciencieux, a pourtant décidé de ne pas dormir : « Je vais m'étendre un peu pour rêver à mes prochaines chasses, et, pourquoi pas, essayer de composer une chanson comme celles des musiciens tout à l'heure. Si un chien aboie, je sortirai tout de suite de la tente. »

Bien au chaud, entre ses camarades, le Mongol fredonne à mi-voix et cherche les rimes d'une cantilène... Mais l'inspiration ne vient pas et cinq minutes après s'être allongé, il dort comme une marmotte.

Tout est calme dans la plaine, les étoiles brillent comme d'habitude et, là-haut, la lune ressemble à une rognure d'or fin. Le petit groupe de poneys est toujours en avant, bien détaché du gros du troupeau.

Djali rejoint ses camarades et, avec leur aide, entreprend de diriger les poneys écartés. Il met son cheval au pas, avance les bras écartés, s'arrête, repart, guide ses victimes avec douceur.

Les bêtes obéissent d'abord sans trop se faire prier, puis, l'une d'elles s'arrête et, naseaux tendus, s'interroge... La brise ne lui apporte qu'une odeur d'homme qu'elle connaît bien : il n'y a pas de quoi s'inquiéter.

Pas à pas, la petite troupe avance... Elle est arrivée à plusieurs lis du village quand le vent lui apporte, confus, lointain, le long hurlement d'un loup affamé.

D'un même mouvement, comme si tous ces animaux pensaient ensemble, les poneys font demi-tour pour se rapprocher des yourtes. Mais le chemin est coupé par des cavaliers qui les harcèlent doucement et leur parlent un langage auquel ils ne sont pas habitués : ce ne sont pas des hommes à eux.

Va comme le vent n'a jamais obéi qu'à Kumbo et n'accepte pas qu'un autre lui impose sa volonté. Dressé sur ses pattes de derrière, il hennit vigoureusement.

« Veux-tu te taire, sacré braillard ! »

D'un coup vigoureux, Djali lui fouette la croupe. L'animal bondit sous l'insulte. Un autre coup plus brutal le fait partir droit devant lui. Il file avec tous ses camarades... Fouaillant leurs montures, les cinq bandits suivent à bride abattue. Malgré leurs efforts, il leur est impossible d'encadrer les poneys affolés mais cela n'a pas d'importance car leur butin se dirige suivant leur volonté, droit vers le premier relais.

Dans la yourte, sous ses fourrures, Kumbo se tourne et se retourne : son sommeil est agité... Et tout à coup il se redresse.

Là-bas, au loin dans la plaine, un cheval a henni.

« C'est *Va comme le vent* ! Mon poney est en danger ! »

D'un bond, le garçon se lève, soulève la portière de feutre et, la main en visière, essaie de percer la nuit.

Réveillé par le froid qui s'insinue dans la tente, Gengisser s'est assis sur sa couche.

« Hé là, garçon, qu'est-ce qui te prend ?

— ...

— Ma parole, tu t'es levé en dormant, tu rêves ?

— Je ne rêve pas, père, mais il se passe quelque chose.

— Tu as entendu du bruit?

— Non. Tout est calme. Mais là-bas, au loin, beaucoup trop loin, *Va comme le vent* vient de crier.

— Ton cheval a dû s'éloigner du troupeau : effrayé de se sentir seul, il aura henni en galopant pour rejoindre ses compagnons. Ce n'est rien, fils.

— J'ai peur, père.

— Pourquoi donc?

— Je ne sais pas.

— Tu me parais bien nerveux. Serait-ce la veillée d'hier ou les chansons de ce troubadour qui te troublent la cervelle? Va te coucher, veux-tu, et laisse-nous dormir en paix : si un événement anormal s'était passé, les chiens nous auraient avertis et aucun d'eux n'a aboyé. »

Kumbo obéit à son père, mais n'arrive pas à chasser son angoisse... Au petit matin, il se lève sans faire de bruit, se glisse en dehors de la yourte pour se rendre aux pâturages, dépasse les moutons bêlants, les chameaux, la tente des gardiens qui dorment encore, les paresseux. Voici les chevaux, enfin...

« Eh, *Va comme le vent*, eh ! »

D'habitude, à peine a-t-il jeté son cri que, d'un côté ou de l'autre, le troupeau s'agite : le poney se dégage de ses camarades et galope vers son maître. Aujourd'hui, la masse des chevaux reste inerte. Le garçon recommence son appel. Rien !

Alors, il hurle aux quatre points cardinaux :

« Hi ! *Va comme le vent*, hii ! Où donc es-tu, mon beau cheval ? »

Même s'il était à plusieurs lis, le poney devrait l'entendre et accourir...

Le cœur serré, Kumbo escalade un mamelon, le même derrière lequel Djali s'est caché hier soir. Son regard porte très loin dans la plaine : pas un cheval en vue.

Affolé, ne sachant quel malheur imaginer, le garçon se précipite dans la tente de toile où Aïka et ses camarades s'étirent et bâillent en chantonnant.

« Holà ! gardiens à la manque !

— Bonjour, Kumbo. Le soleil et le beau temps ne t'ont pas mis de bonne humeur.

— Je n'ai que faire de bonne humeur. Où est mon poney, répondez ! Qu'en avez-vous fait ?

— Ton poney est dans le troupeau.

— Il n'y est pas.

— Regarde mieux et laisse-nous en paix.

— J'ai bien regardé : va voir toi-même. »

Aïka n'est pas content d'être si tôt dérangé, et part sans se presser inspecter le troupeau. Là, son œil exercé lui fait remarquer tout de suite que quelque chose d'anormal est arrivé et il s'éveille tout à fait.

« Où sont les deux pouliches brunes ?... Le cheval bai de Gengisser ?... Ma jument ?... Les petits poneys de l'an dernier ?... Viens avec moi, gamin. »

Suivi de Kumbo qui l'imite, il saute à cru

sur le premier cheval venu, galope autour du troupeau.

« Il en manque bien une vingtaine ! »

Et, se penchant pour examiner de plus près des traces de sabots :

« C'est par là que nos bêtes se sont éloignées. Regarde ces marques dans le sable : un cavalier les a tournées et manœuvrées. Malheur, on nous a volés ! »

Gengisser est arrivé avec tous les hommes du village.

« Va, a-t-il dit à l'un d'eux, suis les traces pendant quelques lis et rapporte-moi ce que tu auras vu. »

L'homme revient et annonce :

« Les traces se dirigent vers l'est, donc du côté de la montagne. Nos poneys devaient filer à toute allure... A mon avis, ils étaient forcés, car avec eux galopaient cinq chevaux montés : leurs marques sont nettes dans la poussière. »

Et le chef décide alors :

« Nous allons nous efforcer de les rattraper ; nous nous battrons si c'est nécessaire mais il faut reprendre nos bêtes. Viens avec moi, Kumbo ! Toi aussi, Aïka, avec dix autres cavaliers. Choisissez des montures rapides et préparez-vous en hâte : nous partons dans dix minutes. »

Les douze Mongols galopent sur la trace des chevaux. De temps en temps, Gengisser s'arrête, examine, réfléchit... A de nombreux indices : la

netteté des marques de sabots, la fraîcheur du crottin, le vent, il suppute l'avance que les voleurs ont sur lui.

« Nous avons, a-t-il dit en partant, six heures de retard... Ce sera dur : difficile mais pas impossible. Nous devrions, pour bien faire, les rattraper avant que ces gredins n'aient gagné la montagne. Dépêchons-nous, les amis ! »

Mais les voleurs aussi se dépêchent ; ils serrent de près *Va comme le vent* et ses compagnons qui galopent comme des diables pour fuir ces hommes qu'ils ne connaissent pas.

« Nous gagnons du terrain, a dit Gengisser à midi, et si mes calculs sont bons, nous les rattraperons avant le coucher du soleil, mais il y a beaucoup de chances que ce soit dans la montagne, et ce ne sera pas facile de s'y battre. »

Les chevaux, le petit Noir en tête, ont dépassé le troisième relais. Dirigés par les cris des brigands, ils atteignent le contrefort des montagnes et s'engouffrent dans « le fer à cheval ». Là, ils essaient de grimper sur les parois abruptes et lisses, mais leurs sabots glissent et c'est un jeu de les prendre au lasso.

Traînant chacun un cheval en longe, les bandits gravissent l'épaulement rocheux qui va leur permettre d'atteindre la passe et de regagner la caverne quand les Mongols arrivent en vue des monts.

« Là ! crie Gengisser. Ils sont là, vous les voyez ? Dépêchons-nous... »

Mais, très vite, les brigands disparaissent dans

la brèche qui coupe de biais la montagne.

« Continuons, les amis ; nous les aurons en bas du col... »

Quand les nomades atteignent le sommet du rocher, ils peuvent voir distinctement les voleurs au bas de la pente : les chevaux volés font des difficultés et ralentissent leur allure. Kumbo a l'impression que, dans la masse, il a reconnu le sien.

« Regardez ! C'est lui, il rue et ne veut pas qu'on l'emmène : il est brave... Oh ! Ces sauvages le fouettent.

— Plus vite ! crie Gengisser. Nous les aurons, c'est certain ! »

Les pierres roulent sur leur passage. Arrivés en bas du col, ils croient atteindre les voleurs... Mais derrière un gros rocher roux, toute la troupe disparaît.

« Nous les retrouverons au tournant. »

Mais le rocher contourné, les Mongols ne voient plus rien... Ils ont beau examiner la piste pleine de cailloux qui zigzague en dégringolant, aucun signe de vie n'apparaît, aucune trace de sabot... Les chevaux ne sont pas passés par là.

A droite, c'est le rocher lisse qui ne décèle aucune faille, aucune fissure ; à gauche, c'est le ravin plein de broussailles et de sapins : pas un cavalier n'aurait pu s'y aventurer... Alors ?

« C'est de la magie, crie un Mongol, nous assistons à un acte de sorcellerie !

— Nos poneys ont été enlevés par le diable !

renchérit un deuxième. Quittons ces lieux au plus vite ou nous serons pris aussi...

— Fuyons, dépêchons-nous !

— Allons, dit Gengisser d'une voix forte, vous êtes des hommes, oui ou non ? Il n'y a pas de magie ici : ces montagnes recèlent des grottes, des cavernes et les voleurs doivent s'être cachés dans l'une d'elles. Mais vous avez raison, partons, non parce que nous avons peur, mais parce que la nuit arrive, parce que nous ne connaissons pas cet endroit et que les brigands peuvent en profiter pour nous dresser une embuscade. Mais ce n'est pas fini ! J'irai trouver le seigneur de notre banière [1]. Je le prierai de nous aider et s'il faut lever une armée pour attraper les voleurs maudits, nous la lèverons. S'il faut creuser la montagne avec nos sabres, avec nos ongles, nous la creuserons... Ces fils de tortue ont tort de s'imaginer que les nomades vont se laisser voler comme ça... »

1. Les souverainetés mongoles étaient divisées en banières (tribus) ayant à leur tête un Djassack ou seigneur. (D'après L.-M. Kervyn, *Mœurs et coutumes des Mongols*.)

Embuscade dans la montagne

« Eh bien, Kumbo, tu viens ?

— J'arrive tout de suite, père. »

Mais le garçon ne bouge pas. Adossé à la montagne, il regarde le ravin, les sapins, la piste étroite pleine de cailloux, et s'efforce de résoudre le problème incompréhensible : « *Va comme le vent* était ici tout à l'heure, il a passé par ce sentier, nous l'avions presque rattrapé... » Son cœur est aussi lourd qu'une pierre.

« Je le voyais ! Dans ce mélange de chevaux et de cavaliers qui dévalaient la pente en désordre, il y en avait un noir : c'était lui, certainement. Il renâclait, il ne voulait pas être entraîné... Et les brigands frappaient sur lui. »

Kumbo sent au creux de l'estomac comme une main crispée qui le serre. Cela fait mal.

« Que s'est-il donc passé pour que mon petit poney disparaisse tout à coup ? »

Pour la première fois de sa vie, la haine envahit l'âme du jeune nomade : une haine amère, implacable.

« Ils n'avaient pas le droit, ces voleurs, de prendre ainsi mon cheval, de me séparer de lui. Ce sont des monstres, des êtres immondes : si je les avais devant moi, je leur arracherais les yeux.

— Allons mon gars, cela ne t'avance pas de rêver. »

Ne voyant pas Kumbo arriver, Gengisser est revenu sur ses pas.

« Nous n'avons pas de temps à perdre, fais donc avancer ton cheval.

— Je ne peux pas partir avant d'avoir compris, d'être sûr qu'il n'y a vraiment plus d'espoir.

— Que veux-tu que nous fassions encore ? Nous avons fouillé le ravin, examiné le rocher : les voleurs ont dû disparaître, je te l'ai dit, dans une cachette secrète.

« Nous ne les voyons pas mais eux nous observent peut-être : cet endroit est malsain, partons.

— Je veux rester quand même, je ne peux pas abandonner ainsi mon poney.

— Et moi je ne peux pas te laisser seul ici. Mais nous reviendrons, je te le promets, et alors nous serons en force. Allons, viens. Obéis-moi. »

Et Kumbo a suivi les autres. Ils ont quitté la montagne et galopé toute la nuit. Le garçon a l'impression de vivre un cauchemar : il est trop triste pour pouvoir penser mais son âme bout de colère contre ceux qui lui ont pris son poney.

Quand ils arrivent au petit matin en vue du village, les femmes, les enfants et les hommes qui attendaient anxieusement des nouvelles s'avancent à leur rencontre et les accablent de questions. Chacun veut connaître tous les détails de la poursuite pour pouvoir donner son avis. L'accord est unanime sur un point : il faut prévenir le seigneur de la banière.

« J'irai le trouver, promet Gengisser.

— Je pourrai t'accompagner, père ?

— Tu viendras avec moi, Kumbo. Mais je vais d'abord aller aux nouvelles dans les campements des environs. Nous avons, je crois, affaire à des bandits organisés qui ne se contenteront pas d'un seul larcin : nous nous unirons aux autres victimes pour porter plainte au seigneur. Je pars ce matin même aux nouvelles et reviendrai très vite. Repose-toi, en attendant, mon gars : tu parais très fatigué. »

Voilà trois longs jours que le chef est parti. Le premier jour Kumbo est resté sur sa couche, les yeux ouverts, sans bouger, refusant toute nourriture.

« Ce n'est pas raisonnable, disait la bonne mère Assa, de te mettre dans cet état. C'est très triste ce qui t'arrive, mais *Va comme le vent* n'était qu'un cheval, après tout.

— Je l'avais dressé : on se comprenait.

— Tu dresseras un autre poney.

— Ce ne sera pas la même chose : celui-ci était mon ami. »

Surong aussi essayait de le consoler.

« Aïka m'a dit ce matin que tu peux choisir dans le troupeau le cheval que tu préfères : il sera à toi pour de bon... A ta place, je prendrais le petit blanc, dont la crinière ressemble à un drapeau qui flotte.

— Je n'aime pas ce poney blanc.

— Préfères-tu l'un des deux jumeaux pommelés, ou *Princesse,* la pouliche brune ?

— Ces chevaux ne me disent rien.

— Qu'est-ce que tu veux, alors ?

— Je veux *Va comme le vent,* pas un autre... Je le retrouverai, je te le promets, et je tuerai les voleurs ! »

Le lendemain, voyant que le garçon continue à refuser de se nourrir, la mère de Surong prend peur.

« Il va tomber malade, c'est sûr...

— Laissez-moi lui parler », dit Aïka auquel elle fait part de ses craintes.

Et le chasseur pénètre dans la tente.

« Eh bien, Kumbo, qu'est-ce qui t'arrive ? Tu étais fatigué et je comprends que tu te sois reposé hier, mais aujourd'hui il faut te lever, manger...

— Je n'ai plus envie de rien.

— Peut-être, mais ici on a besoin de toi. Avec les nouvelles mesures que nous avons prises pour la garde du troupeau nous devons pouvoir compter sur chacun. Tu as ton tour de garde à prendre comme les autres. Lève-toi, mange, et viens vite nous aider. Ne te laisse pas aller ainsi... Le seigneur organisera sûrement une expédition pour punir les voleurs et si tu ne tiens pas sur tes jambes, tu ne pourras pas te joindre aux guerriers.

— Tu as raison, Aïka, si je veux retrouver mon poney, je ne dois pas perdre mes forces : compte sur moi, je t'aiderai. »

Gengisser revient le surlendemain.

« Eh bien, père ?

— Tout est calme chez nos voisins. Je leur ai dit de redoubler de vigilance dans la garde de leurs troupeaux et ils sont de notre avis : demain matin, j'irai prévenir le seigneur. Tu viendras avec moi, Kumbo. La promenade te fera du bien. Tu pourras monter *Hao* [1], le poney brun : il a des jambes fines et nerveuses et court comme un ouragan... Prends-le donc pour remplacer ton noir.

— Je monterai *Hao,* mon père, je vous remercie. Mais mon vrai cheval, mon unique, c'est *Va comme le vent.* On le retrouvera, n'est-ce pas ?

— On le retrouvera peut-être. En tout cas, foi de Gengisser, on attrapera les voleurs et ils seront punis selon la loi de la steppe. »

1. Beau.

Ils mirent deux jours pour arriver chez le seigneur. Kumbo galopait en silence et Gengisser le laissait à ses pensées.

« Les jeunes, se disait-il, n'ont pas l'expérience du malheur ; ils croient que leur désespoir durera toujours et se renferment dans leur chagrin mais, avec la vie qui nous pousse, avec le temps, tout s'use, tout s'arrondit et on en arrive à accepter ce qu'on croyait insupportable. »

Le premier soir, ils dressèrent leur tente de toile en un point de la steppe immense. La nuit était fraîche et les étoiles étincelaient, toutes proches, à croire qu'en étendant un peu les bras, on arriverait à les cueillir.

Assis auprès d'un feu d'argol que Kumbo est allé ramasser sur la piste, Gengisser fait chauffer de l'eau pour le thé. Accroupi en face de lui, le garçon le regarde et soudain se met à parler.

« Père, quand je t'ai demandé si on le retrouverait, tu as répondu : « Je l'espère. » Et tu as dit cela d'un ton !... Tu crois qu'il est perdu pour de bon ?

— Je ne sais pas, fils, on ne sait jamais. Mais quand on vole des chevaux, d'habitude, c'est parce qu'on veut de l'argent... ces gredins vont le revendre, ton poney.

« Notre élevage est réputé à travers l'Asie entière : les amateurs de chevaux apprécient beaucoup les poneys mongols. A mon avis, *Va comme le vent* est loin d'ici à l'heure qu'il est. Il aura été expédié en quelque coin des Indes ou de la Chine.

— Qu'il soit en Chine, aux Indes ou ailleurs, j'irai chercher mon poney. Si nous attrapons les voleurs, ils nous diront où sont les chevaux.

— Les voleurs bien organisés — ils doivent l'être, ces maudits — ont leurs revendeurs attitrés. Tu as quinze ans, mon Kumbo, et tu dois t'habituer à regarder les choses en face, les mauvaises comme les bonnes : je ne crois pas que tu retrouveras ton petit noir.

— ... Et les bandits ?

— Tous nos voisins sont alertés. S'il y a d'autres vols, nous les prendrons peut-être.

— Si un jour on les retrouve, je les tuerai... Comme ça, tout de suite.

— Tu ne peux pas, fils.

— Pourquoi donc ? C'est la loi de nos prairies : un voleur mérite la mort.

— D'accord, mais il est dit aussi que nul offensé ne peut se faire lui-même justice. Le criminel a droit à des juges que la colère n'aveugle pas : si nous prenons ces bandits, ils devront être jugés par notre « conseil des chefs ».

— Vous serez sévère au moins ?

— La loi de nos pères est dure.

— Vous l'appliquerez dans toute sa rigueur ?

— Tu les détestes bien, ces brigands.

— Mon cœur est malade de haine.

— Je te comprends... Moi aussi, je bous de fureur. Et pourtant, crois-moi, la haine n'est jamais bonne et nous devons adoucir notre âme.

— Quoi, pardonner à ces méchants ?

— Essayer de leur pardonner.

— Et les laisser aller pour qu'ils recommencent !

— Je n'ai pas dit « les laisser aller ». Mais il faut que ce soit la sagesse et non l'esprit de vengeance qui nous pousse à agir. Nous devons punir pour faire des exemples et nous préserver, pour que les autres voleurs se disent : « Prenons garde, « ces gens-là ne se laissent pas faire. » Mais la haine, la colère ne doivent pas nous aveugler : ce n'est pas toujours facile. »

Le lendemain, après avoir contourné un grand lac salé, Gengisser et son fils adoptif arrivent en vue de la capitale. C'est l'heure où les feux du soleil couchant embrasent le ciel ; du sommet d'une crête, les deux nomades aperçoivent, à leurs pieds, une agglomération de maisonnettes de boue, de yourtes, que domine une pagode dont le toit jaune luit comme de l'or. Aux alentours, les immenses troupeaux du seigneur, des moutons, des chameaux, des chevaux, gardés par des chiens et des escadrons de bergers, paissent l'herbe drue.

Les deux nomades pénètrent dans la ville en même temps qu'une procession de charrettes à bœufs, puis s'empêtrent dans une caravane de chameaux dont les longs cous maigres oscillent au-dessus de la foule bruyante.

Kumbo s'était fait du palais du seigneur une idée extraordinaire : il s'imaginait une demeure plus majestueuse encore et beaucoup plus richement décorée que la lamasserie de Goltaï ; son

A la place d'honneur, le souverain est assis.

étonnement est grand de voir que le souverain dort lui aussi sous la tente... Il en possède une demi-douzaine enserrées dans une enceinte de brique grise. Avant de pouvoir être reçu chez lui, Gengisser, selon la coutume, fait visite à un dignitaire qui accepte de porter à son maître la longue écharpe de soie, le «gadag» qui sert là-bas de carte de visite.

Le seigneur estime le chef Gengisser et lui accorde tout de suite une audience.

La yourte qui sert de salle de réception est vaste et décorée de riches tapis et de meubles de laque rouge. A la place d'honneur, sur sept coussins de soie jaune qui font une sorte de trône, le souverain est assis.

Suivi de Kumbo, Gengisser s'est prosterné trois fois profondément avant que son maître lui fasse signe de s'asseoir en face de lui, sur un tas de coussins rouges. Sur un plateau d'argent et d'or, un serviteur offre une tabatière d'agate ciselée et ce n'est qu'après avoir reniflé une prise sur la petite spatule d'ivoire et avoir éternué plusieurs fois que le chef peut exposer le motif de sa visite.

Suçant sa pipe à eau, le seigneur écoute... Gengisser a tout expliqué, il a imploré aide et secours... Le souverain continue à fumer et à se taire.

Puis, après un long silence, sa voix s'élève, calme et sereine.

« Tu as entendu parler d'autres vols ?

— Jusqu'ici, noble seigneur, mes voisins ont été épargnés.

— Et plus loin, au sud de chez toi, à l'ouest ?

— Je n'ai rien entendu dire.

— Vois-tu, ami, l'expérience enseigne qu'il y a deux sortes de voleurs : ceux qui volent en amateur une fois ici, une fois là, quand l'occasion se présente. Si la bande de ceux qui vous ont fait tort est de cette sorte, vous perdrez votre temps à la chercher. Si par contre nous avons affaire à des voleurs organisés qui exploitent une région à fond, il y aura d'autres vols qui nous donneront des indices. Le temps d'agir n'est pas venu : nous devons attendre des nouvelles.

— La sagesse parle par ta bouche, oh ! mon seigneur ! » répond le chef en s'inclinant.

Et suivi de Kumbo désappointé, il sort de la tente du souverain.

« Nous allons rester quelques jours ici, décide Gengisser : nous serons ainsi à pied d'œuvre si d'autres vols se produisent. »

Deux jours plus tard, dans une galopade effrénée, un tourbillon de cris, de jurons, des moulinets de sabres, une troupe de cavaliers arrive. En attendant de voir le seigneur, ces furieux racontent leur histoire aux badauds :

« Nous venons réclamer justice contre des bandits qui nous ont volé plus de cinquante chevaux. Ces fils de truies nous ont enlevé nos plus fougueux, nos meilleurs poneys. Ils ont fait leur coup en une seule nuit : nos gardiens n'ont rien entendu... »

Kumbo et son père se regardent.

« Ils avaient endormi les chiens et aucun d'eux n'a aboyé.

— Ces gueux ont travaillé de la même façon chez nous, dit Gengisser en s'avançant, et nous ont pris vingt montures.

— Nous avons voulu les poursuivre et avons relevé leurs traces jusquà l'entrée de la montagne.

— A la brèche nord du mont Pelé ?

— Non, de l'autre côté, à la passe du sud-ouest. Comme leur piste était encore fraîche, nous nous attendions à les voir apparaître à un prochain tournant et, tout d'un coup, plus de marques de sabots, plus rien... A se demander où ils sont partis.

— Nous avons eu la même aventure. »

Le lendemain, un pauvre nomade isolé vint se plaindre aussi. Il avait un petit troupeau : cinquante moutons, vingt chevaux... Dix des meilleurs étaient volés.

« Je suis ruiné, expliquait-il, et j'ai six enfants à nourrir. »

Ces vols répétés prouvaient qu'on avait affaire à une bande bien organisée et le souverain décida de convoquer le « Conseil ». Les chefs arrivèrent de tous les coins de la steppe et se réunirent dans la grante tente ; deux se plaignirent d'avoir aussi été volés.

Il apparut à la conférence que les voleurs, qui agissaient au nord, au sud ou bien à l'ouest du plateau de Oum-Tchim-Sin, emportaient toujours leur butin dans la même direction : vers le mont Pelé.

« Ils semblent avoir établi de ce côté leur quartier général. »

Mais, pour se sauver dans la montagne, ils empruntaient tantôt un col, tantôt un autre, et cela, les nomades ne le comprenaient pas très bien. Pourquoi aussi, à un certain point, les traces des chevaux s'effaçaient-elles ?

« Oui, pourquoi donc ?

— Et s'ils étaient sorciers ?

— De noirs compagnons du diable... Dans ce cas, moi je ne m'y frotte pas.

— J'ai pensé, explique alors Gengisser, qu'ils ont par là une caverne avec une entrée secrète ; ils s'y terrent après leurs coups : cela expliquerait l'arrêt des traces.

— Pourquoi empruntent-ils chaque fois un col différent ?

— La caverne a probablement plusieurs issues : cela se voit en montagne.

— Gengisser doit avoir raison, déclare le souverain, et je veux organiser une expédition. Chacun de vous me donnera dix cavaliers pour agrandir mon armée. Mais avant de dresser nos plans, Gengisser et toi Hishick, les plus sages d'entre mes sujets, allez donc de ma part consulter le Grand Lama de la montagne. »

Le Grand Lama de la montagne est un très vieux prêtre qui, pour mener une vie plus pure, s'est retiré voilà des années dans une pagode érigée au sommet d'un éperon rocheux, sur les contreforts des monts Kingham.

Le Grand Lama de la montagne.

La région désolée est sans trace de végétation et le sentier qui accède à l'ermitage est abrupt et glissant. Suivis de Kumbo, Gengisser et le chef Hishick conduisent avec prudence leurs montures.

Le vieil homme les accueille d'un sourire à l'entrée de la pagode. Il porte une longue barbe de chèvre et drape solennellement sa nudité dans un manteau de bure jaune. Accroupi devant un feu de braises, il roule entre ses doigts son chapelet lamaïste et semble ne prendre aucun intérêt à ce que lui racontent les visiteurs, mais à mesure que se déroule le récit, son expression se fait plus grave.

Les chefs ont fini de parler ; plongé dans une profonde méditation, le prêtre se tait toujours. Par intervalles, tout en récitant ses prières, il jette sur le feu une poignée d'encens, des herbes sèches... L'atmosphère s'emplit de fumée âcre. Puis le Grand Lama demande à Kumbo d'aller, derrière la pagode, choisir dans un tas de vieux os séchés une clavicule de mouton.

« Il va nous prédire l'avenir », explique Hishick.

La pagode sent le mystère et Kumbo a le frisson. Le prêtre marmotte, en tibétain, des incantations ténébreuses ; il jette encore sur le feu une poudre qui sent très fort et la fumée se fait épaisse. Saisissant alors avec des pincettes l'os que Kumbo a apporté, il le dépose dans les cendres, le fixe avec attention. A la lueur des flammes, ses yeux noirs sont comme deux points brillants.

Après avoir encore récité des formules, le sorcier retire l'os des flammes, et l'examine. Il lit dans les fissures tracées par le feu et parle :

« Je vois le long du canyon une bataille sauvage : trois cerfs cornus comme le diable se sauvent mais le quatrième est terrassé.

— Ah ! le quatrième : nous en avons un quand même...

— Il paiera pour les autres, celui-là !

— Et mon cheval, Lama, un cheval noir, tu ne le vois pas dans ton os ?

— Chut !

— Est-ce que je vais retrouver mon poney ?

— Tais-toi donc, tu vas le distraire.

— Je voudrais quand même...

— Excusez-nous, Vénérable, le jeune garçon ne pense qu'à son poney.

— Cette fougue est de son âge... Eh ! non, petit, je ne vois rien de ce genre... Il se pourrait pourtant que dans cette fissure-là, plus loin, je trouve quelque chose : mais ce n'est pas pour tout de suite... et ce n'est pas sûr du tout. »

Puis le lama ne dit plus rien.

Comme ils descendent de la montagne, les deux chefs s'efforcent d'interpréter les vagues paroles du lama et d'en tirer des conclusions.

« Il y aura une bataille, donc nous retrouverons nos bandits.

— Nous les retrouverons dans la montagne, il l'a dit : « Je vois le long du canyon une bataille « sauvage... » Pas de quartier pour ces brigands !

— Cela n'a pas l'air d'aller tout seul : « Trois

«cerfs cornus comme le diable se sauvent!»

— Je me demande bien comment?

— «Mais le quatrième est terrassé.» Cela veut dire, Hishick, que l'un ou l'autre nous reste dans les mains. Celui-là, nous le ferons parler : il nous dira où se terrent ses amis.

— Puis nous le traiterons de telle façon que ses complices aient le frisson en apprenant le sort que nous réservons à ceux qui nous volent nos chevaux.

— Nous ferons un fameux exemple.

— Oh! s'écrie Kumbo, celui que vous attraperez, je voudrais qu'il ait deux vies pour souffrir et pour expier.»

Les prédictions du lama donnaient aux Mongols l'assurance d'une réussite partielle. Avec leur caractère optimiste ils commencèrent par chanter victoire avant d'avoir combattu.

Puis, avec le bon sens qui les caractérise, sous l'égide de leur souverain, ils dressèrent des plans précis. Ils décidèrent de se diviser en petits groupes : chaque groupe garderait un passage de la montagne aux environs du mont Pelé puisque c'était toujours de ce côté que les voleurs prenaient la fuite. Les guetteurs devraient se cacher.

«Que ferons-nous de nos chevaux?

— Laissez-les ici : pour une fois, vous marcherez.

— Des Mongols à pied, c'est ridicule!

— Vos montures vous trahiraient : vous devrez vivre sans faire de bruit. Vous observerez les abords des cols et s'il vient une troupe douteuse : des cavaliers traînant des chevaux en longe, il y a neuf chances sur dix que ce soient nos maudits voleurs ; l'ordre est de se jeter dessus, de les arrêter et de les prendre vivants... Si nous ne les avons pas tous, comme le lama a l'air de le prédire, les prisonniers parleront, ils indiqueront le repaire de leurs compagnons et nous poursuivrons la chasse jusqu'à ce que la montagne soit pure et que la tête du dernier bandit ait roulé dans la poussière.

— Je peux faire partie de l'expédition ? » demande le jeune Kumbo.

Gengisser hésite car son cœur se serre à la pensée que le garçon pourrait être blessé. Mais ses craintes sont égoïstes, son devoir est d'aguerrir Kumbo, d'en faire un homme brave et courageux : c'est mauvais de montrer aux jeunes qu'on craint pour eux les dangers.

« Oui, tu peux venir. »

Chacun des chefs doit fournir dix hommes à l'expédition. Pour faire le compte, neuf guerriers sont arrivés du village. Aïka est à leur tête : un Aïka très belliqueux, bavard à l'habitude et qui se croit déjà un héros.

« Je t'apporte, a-t-il dit à Kumbo, les salutations de Surong qui craint ta bravoure et te fait dire d'être prudent. »

Et le garçon se redresse, très fier de penser que sa petite amie le prend vraiment au sérieux.

Le souverain a partagé toutes les armes qu'il possède ; son arsenal n'est pas très fourni : seuls les chefs auront un fusil, les autres se battront au sabre. Puis il a réparti le travail. Les guerriers de Gengisser, aidés par ceux de Hishick, reçoivent l'ordre de garder la passe nord du mont Pelé, celle où ont disparu les brigands lorsqu'ils ont volé leurs chevaux.

Le col franchi, juste au pied de la descente, là où le sentier contourne la montagne, les vingt guerriers se sont cachés dans un fourré qui domine la piste et s'insinue entre deux roches : personne ne peut deviner leur présence mais, ne voyant rien eux-mêmes, ils détachent trois sentinelles qui se tapissent au bas de la pente sous un buisson épineux et font le guet, prêtes à donner l'alarme si quelqu'un s'aventure dans la passe.

On attend deux, trois, quatre jours... Personne.

Le cinquième jour, arrive dans l'autre sens une troupe de pèlerins qui se rendent à Lhassa pour y visiter le dalaï-lama. Il n'y a qu'à les laisser passer.

« Vous verrez, gronde Aïka, la chance de se battre sera pour les autres : ce n'est pas de ce côté que les voleurs passeront.

— Voire, répond Gengisser : les scélérats ne sont venus que deux fois dans cette gorge et peuvent très bien l'emprunter encore.

— Que tous nos dieux t'entendent, chef, car j'ai fort envie de me battre ! »

Aïka avec Kumbo et un homme de Hishick ont entamé la septième nuit de veille. La lune n'est pas encore levée; il fait si sombre qu'on n'aperçoit même pas, là-haut, les deux roches qui bordent la passe et qui, d'habitude, se découpent en noir sur le ciel nocturne.

« Si j'étais voleur, déclare Aïka, c'est une nuit comme celle-ci que je choisirais.

— Si tu étais voleur... Justement, tu ne l'es pas.

— Ces gens supposent que par une nuit pareille, faite pour réussir une expédition, on se méfie et ils ne viendront pas, sois tranquille, grommelle le guerrier de Hishick. Tu peux dormir, toi aussi Kumbo, je veillerai pour nous trois tout en fumant une pipe.

— Prends garde que la fumée ne te décèle.

— Dans ces buissons, pas de danger. D'ailleurs, je connais ma veine. Si les voleurs passent quelque part cette nuit, ce sera dans un autre col : l'aventure n'est jamais pour moi. »

L'homme n'a pas fini de parler qu'une pierre tombée le fait sursauter. Le bruit est venu de là-haut.

« Bah ! Un renard a dû faire dégringoler un roc. »

Non, ce n'est pas un renard... Il y a là-bas comme des glissements, des piétinements, d'autres chutes de pierres.

Des gens ont emprunté la passe.

Un hennissement bref leur parvient, un bruit de jurons étouffés.

«Ils sont à cheval, c'est certain.
— A mon avis, ils sont nombreux.
— Ils se rapprochent, on les entend mieux.

— Va prévenir le chef, Kumbo ! »

Le garçon se glisse dans une fissure de rocher, l'escalade, se griffe aux épines et d'un seul élan

franchit les cent pieds qui le séparent de la troupe.

« Alerte, dépêchez-vous...

— Qu'est-ce qui arrive ?

— Ils sont là, on les entend. »

Quand les vingt hommes tout harnachés arrivent au bas de la pente, leurs adversaires y sont aussi : on entend leurs chevaux piétiner.

Brandissant une torche d'une main, faisant, de l'autre, des moulinets avec son sabre, Aïka leur barre la route et profère des menaces... Et tout à coup, la scène s'éclaire : Gengisser vient de mettre le feu à deux sapins. Sur un roc, Kumbo domine la bataille : il n'a vraiment qu'un saut à faire pour se jeter à la gorge des cavaliers.

Soudain, le petit Mongol aperçoit un des bandits, un grand avec une face cruelle, qui ajuste son revolver, vise Aïka soigneusement.

« Eh là ! crie le garçon, fais attention, ami ! »

Et prenant son élan, il saute sur le brigand pour faire dévier le coup. L'autre, furieux, se secoue, refoule cet ennemi qui lui tombe sur le dos, le jette à terre d'une poussée, décharge sur lui son arme...

Et c'est une mêlée furieuse. Chaque Mongol assaille un cavalier. Les voleurs se défendent bien, répliquent par des coups de feu.

Mais Jaô, le chef des bandits, a tout de suite vu la manœuvre à faire pour se dégager. Repoussant l'énergumène qui veut le désarçonner, il fonce en avant, à gauche, du côté du ravin profond... Deux hommes barrent la route : tant pis pour eux. A coups de revolver, il fait sa trouée,

Gengisser s'est installé sur un cheval
et Kumbo est installé dans ses bras.

manque de glisser au fond du gouffre, redresse sa monture d'une main ferme... Ça y est, il est passé.

En quelques phrases gutturales, il crie des ordres... Ses hommes ont compris et l'imitent. Djali n'a pas eu le temps de recharger son revolver et se libère à coups de sabre à droite, à gauche : ces bandits ont de bonnes armes et les manient avec adresse... Un à un, au risque de rouler au fond, tous glissent au bord du ravin, s'échappent, se sauvent à bride abattue...

Mais deux brigands, malgré leurs efforts, n'arrivent pas à se dégager. Les Mongols s'acharnent sur eux.

« Holà ! crient-ils à ceux qui se sauvent, aidez-nous. Vous ne pouvez pas nous abandonner...

— Débrouillez-vous tout seuls, nigauds ! »

La lutte a pris fin... Bilan : une vingtaine de chevaux libérés qu'on rendra aux propriétaires, deux prisonniers et presque tous les Mongols blessés. Aïka soutient de la main droite son bras gauche couvert de sang ; son voisin a reçu un coup de sabre à la tête, un autre une estafilade à la joue... Cinq ou six hommes sont étendus à terre et gémissent douloureusement.

Mais c'est Kumbo qui est le plus atteint : il reste là sans connaissance et son visage a la pâleur de la mort. Agenouillé auprès de lui, Gengisser le déshabille, l'examine, le palpe.

« Son cœur bat, il respire et je pense qu'aucun centre de vie n'est atteint, mais il a perdu beaucoup de sang, une balle lui a traversé l'épaule, c'est une affreuse blessure, regardez... »

Le père a envie de serrer le garçon dans ses bras, de pleurer... Mais un chef n'a pas le droit de se laisser abattre. Il se redresse, respire à fond pour essayer de retrouver son calme puis lance ses ordres :

« Rassemblez-vous tous devant moi ! Vous allez monter les chevaux volés pour les ramener à la capitale ; vous ramènerez aussi les deux prisonniers. Attachez-les solidement. Et vous transporterez aussi confortablement que possible vos camarades blessés. Je rentre rapidement, suivez-moi : le médecin acupuncteur au service de notre seigneur pourra peut-être sauver mon enfant !

— Pauvre petit camarade, dit Aïka. C'est en voulant détourner le coup qui m'était destiné qu'il a attrapé son compte. »

Gengisser s'est installé sur un cheval et Kumbo, qui est toujours sans connaissance, est déposé dans ses bras. Il dirige d'une main sa monture et, de l'autre, soutient le blessé avec la douceur d'une maman.

« Je te soignerai, murmure-t-il, et foi de Gengisser, je te sauverai, mon brave Kumbo, mon garçon ! »

Deux médecines se confrontent

« *Va comme le vent,* où es-tu ? Où donc es-tu mon beau cheval ?... Ils l'ont volé, les bandits... Ils arrivent, ils arrivent : fais attention, Aïka ! »

Maintenu par des bras énergiques, Kumbo se tord sur sa couche.

« Laissez-moi donc, vous ne voyez pas qu'ils vont tuer Aïka. Laissez-moi aller l'aider.

— La bataille est finie, mon garçon. Calme-toi. »

Le corps en sueur se détend ; le blessé ouvre des yeux égarés et regarde sans les reconnaître son père adoptif, sa mère, Surong qui, de le voir dans cet état, se raidit pour ne pas pleurer... Et il se remet à geindre :

« J'ai mal, oh ! que j'ai mal !

— Où souffres-tu, mon petit ? »

Sans répondre à la question, il parle alors, discute avec des auditeurs invisibles :

« Mon cheval était mon ami et je le retrouverai : j'irai dans la montagne profonde, je le reprendrai aux voleurs.

— Ah ! se plaint tout bas Gengisser, quand donc cette fièvre le quittera-t-elle ?

— Patience, répond sa femme, patience ! Le mal est profond, tenace, mais nous le guérirons, le petit. »

Voilà dix jours que, retenant sa monture pour qu'elle ne heurte pas les pierres du chemin et ne secoue pas le blessé, Gengisser a ramené Kumbo, et depuis ce temps, l'enfant délire.

Le seigneur l'a tout de suite fait installer dans une tente dressée pour lui et a appelé le médecin attaché à sa personne : c'est un savant chinois, un acupuncteur [1] dont la renommée s'étend aux quatre coins de la steppe. On dit qu'il a déjà guéri des gens pour lesquels on entamait les prières des morts.

Ce Taï-fou [2] est arrivé suivi de deux assistants : l'un porte sa trousse à aiguilles, l'autre ses boîtes d'herbes et de pilules. C'est un grand vieillard droit comme une lance aux yeux brillants d'intelligence. Il a regardé Kumbo calmement, a examiné la blessure puis a posé le poignet droit du malade sur un coussin et a pris son pouls déli-

1. Médecin chinois qui soigne en piquant certains points vitaux avec des aiguilles d'or ou d'argent.

2. Médecin.

catement, d'abord en appuyant légèrement les doigts sur la veine, puis un peu plus fort, enfin avec une pression suffisante pour bloquer la circulation. Il a répété cette opération sur le poignet gauche, tâté de nouveau la blessure et, après un long silence, a déclaré :

« C'est grave, très grave : la balle est restée dans la plaie et toutes les forces vives du malade luttent contre ce corps étranger : elles s'épuisent à ce travail. »

Après avoir de nouveau consulté le pouls au poignet droit, au poignet gauche et au creux de l'estomac, il hoche plusieurs fois la tête.

« C'est bien ce que je pensais, l'équilibre de son corps est rompu et les courants de vie ne circulent plus en harmonie : l'énergie Yin est devenue folle et l'énergie Yang s'en va... Je ne la sens presque plus.

— Que faut-il faire, savant docteur ?

— Je vais essayer de remettre ces énergies en mouvements équilibrés : je ne sais pas si je réussirai. »

Dans une trousse de drap noir, le Taï-fou choisit une petite pointe d'argent, la trempe dans une bouteille d'alcool de riz et ouvre la veste du malade ; sur la peau, de ses longs doigts couleur d'ivoire, il repère un point, juste au creux de l'estomac, y pose son aiguille et l'introduit dans la chair en la faisant pivoter comme on fait tourner une vis. Il reste ainsi dix minutes tenant l'aiguille, l'air soucieux, et Gengisser qui le regarde essaie de lire sur ses traits. Mais le savant reste impassible... Quand il retire son aiguille, le blessé n'a pas le plus léger frémissement.

« C'est bien ce que je pensais, la chair devrait happer l'aiguille, la tenir ferme et, regardez, je l'enlève sans effort. »

L'acupuncteur recommence l'opération, à la naissance du mollet : aucune réaction.

« Pas plus ici qu'à l'estomac, le malade ne répond à l'aiguille et regardez-moi ces joues rouges, cette peau sèche : l'infection est dans la plaie ; c'est mauvais.

— Il est jeune pourtant, il a de la vie en réserve...

— Nous ne pourrons le sauver que si les humeurs parviennent à expulser le corps étranger. Y parviendront-elles ?... A votre place, j'appellerais sa mère. »

Assa et Surong ont galopé tout le long du chemin. Sans prendre le temps de se reposer, elles entourent le malade, tamponnent son corps à l'eau chaude pour le débarrasser de la sueur et s'efforcent d'introduire entre ses dents serrées les décoctions d'herbes prescrites par le docteur.

Celui-ci vient tous les jours, quelquefois deux fois par jour, il essaie en vain ses aiguilles.

Et Assa impatiente prend à partie l'homme de science.

« Mais enfin, Taï-fou, ce garçon est sain, il éclatait de force avant sa blessure et voilà quinze jours que vous le soignez sans arriver à rien.

— J'ai fait tout ce que mes livres m'enseignent pour un cas de ce genre, mais la balle entretient l'infection et le corps du malade essaie en vain de l'expulser : il s'épuise à lutter. »

Avec logique, la Mongole va droit au cœur du problème.

« On ne peut pas retirer la balle ?

— Il faut pour cela couper dans les chairs... Je soigne avec des aiguilles, des herbes, j'aide la nature à lutter contre les éléments, je ne verse pas le sang, maîtresse, cela ne fait pas partie de ma science.

— Personne ne le délivrera donc de ce corps étranger qui le tue ?

— D'autres que moi font ce métier : chez le seigneur Goltom, à trois jours d'ici à cheval, je connais un compatriote qui, dans sa jeunesse, a appris la médecine occidentale. Il ouvre le corps du malade, regarde dedans, le nettoie, extirpe le mal avec le sang puis referme et recoud avec du fil comme une ménagère reprise un vieil habit... Je n'aime pas cette façon de soigner qui doit bouleverser les humeurs et interrompre l'harmonie des circulations vitales, mais puisque le blessé n'a pas d'autres chances on pourrait faire venir ce boucher. »

Et Gengisser est aussitôt parti le chercher.

Le médecin du seigneur Goltom avait, dans sa jeunesse, travaillé à Pékin dans un hôpital étranger. C'était un simple coolie qui faisait les nettoyages mais, comme il s'intéressait aux malades, on lui avait confié peu à peu des besognes plus importantes et, d'homme de peine, il était devenu infirmier. Dans une salle, un chirurgien avait remarqué son adresse et, l'ayant attaché à son service personnel, lui faisait nettoyer ses instruments, les stériliser... Quand ce docteur allait en ville pour soigner un cas difficile, il le prenait toujours avec lui. Puis le coolie eut la permission de faire des travaux plus difficiles : donner l'éther pour l'anesthésie, recoudre une plaie, débrider un abcès, voire même opérer des appendicites et, en le regardant travailler, son maître s'exclamait toujours : « Quelle agilité dans les doigts, quel toucher, quel don ! »

Un beau matin, le coolie disparut de l'hôpital étranger : il avait jugé en savoir assez de cette médecine occidentale pour tenter fortune ailleurs [1].

On le retrouva à la cour d'un seigneur mongol qui fut guéri, par ses soins, d'une excroissance fort gênante à laquelle le médecin ordinaire n'avait pas osé toucher. Le prince en fit son favori. C'est cet homme qui allait extirper la balle de l'épaule de Kumbo.

Suivi de son assistant qui portait les instruments dans une grande valise en cuir, le chirurgien pénétra dans la yourte et salua profondément, s'inclinant par deux fois devant le médecin acupuncteur qui faisait appel à son adresse.

« Taï-fou, murmura-t-il, oh ! Taï-fou ! »

Il écouta attentivement les explications tout en examinant le blessé du coin de l'œil, puis il

1. Histoire vraie.

découvrit celui-ci, examina la blessure, sortit de sa poche, sous sa robe, un thermomètre médical et les Mongols, qui ne connaissaient pas cet instrument, le regardaient étonnés.

« Je m'en sers, expliqua-t-il aimablement, pour mesurer la chaleur du corps humain. »

Quand il eut relevé la température, sondé la plaie et pris le pouls du malade, du bout des doigts, à la manière occidentale, il donna calmement son avis.

« Je pense comme vous, éminent confrère — l'acupuncteur s'inclina, satisfait —, je suis sûr qu'aucun centre vital n'est atteint. Mais la balle est restée dans la plaie, les forces du garçon se concentrent, s'évertuent à la chasser et l'infection gagne : il faut ouvrir largement cette blessure, extirper le corps étranger. Peut-être alors guérira-t-il.

— Vous dites « peut-être ». Vous n'en êtes donc pas sûr ? demande Assa d'une voix angoissée.

— Je trouve le malade très faible.

— Que faites-vous donc des ressources de sa jeunesse ?

— Sa vitalité est minée et je me demande pourquoi... Qu'est-ce donc que ce cheval dont il parle dans son délire ? »

On lui raconte alors, en quelques mots, l'histoire de *Va comme le vent,* son dressage difficile, l'amitié qu'il avait pour son maître, le rapt, le désespoir de Kumbo.

« C'est ce que je pensais, réplique le chirurgien, le moral est atteint et empêche le corps de lutter. »

L'opération se fit tout à fait à la manière de l'Occident. L'assistant endormit Kumbo avec un tampon d'éther et resta à ses côtés, surveillant pouls et respiration pendant qu'avec des instruments stérilisés le Chinois ouvrait la plaie d'où s'échappa du sang, du pus...

La bonne Assa avait exigé de rester là. Elle soutenait courageusement la tête du blessé et observait tout sans rien dire mais deux grosses larmes lui coulaient sur les joues : elle avait peur... « Ce médicament à l'odeur étrange qu'on

Le chirurgien examina la blessure...

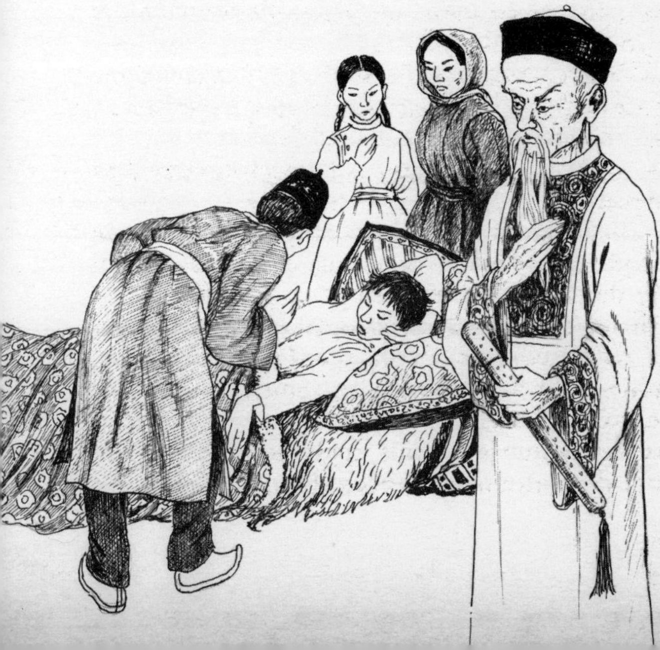

faisait respirer au garçon n'allait-il pas lui faire tort, ce sommeil dans lequel on l'avait plongé, n'était-ce pas un premier pas vers la mort ? »

Avec des objets pointus, le chirurgien cherchait dans les chairs...

« Ouya ! cria-t-il, je la sens... J'ai la balle... »

Sans avoir l'air d'y toucher, délicatement, du bout de sa pince, il ramena un objet rougeâtre qui fit un bruit métallique en tombant dans la bassine préparée à ses côtés.

« Maintenant il faut arrêter le sang. »

Pendant qu'il bourre la plaie de gaze stérilisée, il ajoute :

« Je vais rester quelque temps encore dans cette ville et je viendrai tous les jours panser le blessé. »

L'acupuncteur s'incline alors.

« Je suis en admiration, dit-il, tu as mené à bien une chose que jamais je n'aurais pu faire. Ma place n'est plus ici et je t'abandonne mon malade.

— Non pas ! Vous devez rester, maître. J'ai enlevé le corps étranger mais il y a beaucoup de choses à faire. Si vous partez, qui rétablira l'harmonie des énergies dans le corps de ce garçon ? Qui lui donnera les piqûres et les médicaments dont son corps a besoin pour être plus fort que la mort ? La médecine étrangère m'a appris des choses que vous ne savez pas faire, d'accord, mais vous aussi, vous connaissez des choses que j'ignore et, je l'ai constaté bien souvent, il arrive que vos piqûres guérissent là où mes couteaux demeurent impuissants... Croyez-moi, l'opéré a besoin de nos efforts conjugués. »

Ils décidèrent donc de mettre en commun leur savoir et de se retrouver tous les jours, matin et soir, auprès de la couche de Kumbo.

Pendant que le jeune garçon luttait ainsi contre la mort, le prisonnier que les Mongols avaient fait pendant la bataille fut traduit devant le Conseil des chefs.

Les guerriers avaient pris deux voleurs cette nuit-là, mais le plus malin des deux, le plus fort aussi, avait rongé ses liens pendant qu'on le traînait sur la piste derrière les chevaux et s'était sauvé sans que les gardiens s'en aperçoivent. Avait-il réussi à rejoindre ses compagnons ou était-il mort, égaré dans la steppe ? Ses ennemis ne s'en inquiétaient pas.

« Qu'il aille au diable. Celui qui reste paiera pour tous. »

Les yourtes, qui d'un coup d'épaule peuvent être démolies à moitié, ne font pas des prisons bien sûres, aussi, en arrivant à la ville, selon l'habitude mongole, a-t-on passé un carcan autour du cou du prisonnier : une pièce de bois très lourde, fermée au dos par une grosse chaîne cadenassée pesant plus de cent catis [1]. Impossible de se sauver quand on porte cet instrument.

Puis on a essayé de faire parler le bandit pour savoir où se cachent ses complices, mais il s'est tu aux premiers interrogatoires.

1. Environ une livre.

« Koama, criait-il inlassablement, koama mel koaï... Grâce, grâce, je ne sais rien... »

Mais le fouet qu'Aïka manie d'une main ferme lui a délié la langue et il a ensuite donné tous les renseignements voulus sur l'emplacement de la caverne des voleurs, la façon d'y pénétrer...

« Et les chevaux ? » ont demandé ses juges.

Les chevaux volés étaient loin !... Où ?... Le prisonnier n'en savait rien : un homme était venu les acheter ; il était parti dans la direction du sud et comptait les diriger vers Jéhol pour les embarquer dans le train et les vendre en Chine.

« Où ça, en Chine ? Au nord, au sud, à Pékin, sur la côte ?

— Comment voulez-vous que je le sache ! Un peu partout, j'imagine : le revendeur disait que les étrangers à peau blanche en étaient fort amateurs. »

Et Ping, car c'était lui, s'était alors jeté à terre en pleurant : « Grâce, nobles guerriers, grâce ! Je n'étais qu'un domestique de la bande qui vous a volés : ils m'avaient forcé à les suivre... »

Mais les Mongols ne l'écoutaient plus et réalisaient qu'ils n'avaient aucun espoir de récupérer leurs montures.

Cinquante cavaliers sont partis cerner la caverne des voleurs mais le nid est vide : les oiseaux ont flairé le danger et se sont cachés ailleurs. Les nomades n'ont que le prisonnier pour exercer leur vengeance, et quel prisonnier ! Un petit fermier de dix-sept ans qui a voulu jouer au bandit et le regrette amèrement.

Ping se tient devant l'assemblée des chefs qui, des campements les plus éloignés, sont venus le juger; il est pâle, amaigri, hirsute, titubant sous le poids de son carcan.

L'assemblée est présidée par le souverain assis sur un trône surélevé, la face rigide comme un masque. Derrière lui, une tapisserie de couleurs vives représente un dragon cornu, monstrueux, féroce, qui crache des flammes virulentes. A ses côtés, ses conseillers habituels se tiennent debout, très raides, la tête couverte de la coiffure rouge des prêtres et, un peu plus bas, assis en demi-cercle sur des fauteuils de bois noir, les mains enfoncées dans les manches de leur robe de soie, les chefs fixent l'accusé. Lui n'ose pas les regarder.

Les premiers jours de sa captivité, Ping a beaucoup pleuré.

« Mon sort est trop cruel! disait-il. Que ne puis-je revenir en arrière et retourner chez mon père. Pourquoi ai-je écouté ces bandits qui m'ont abandonné comme des lâches... »

Puis il a cessé de gémir : accablé par le poids des chaînes, les coups de fouet, le désespoir, il n'en peut plus. Deux fois par jour, il lape comme un chien le bol de millet qu'on lui sert, car le carcan l'empêche de le porter à sa bouche. Le reste du temps, roulé en boule dans un coin, il essaie de dormir, mais c'est pour faire des rêves affreux.

« Qu'on en finisse, sanglote-t-il, qu'on se dépêche... Puisqu'ils seront implacables, qu'ils

rendent donc leur verdict, ces Mongols ! Peut-être que, dans l'autre vie, les dieux seront moins sévères... »

Ping jette sur l'assemblée un regard désespéré. Ramassé ainsi sur lui-même, il a l'air d'avoir douze ans et un vieux chef murmure :

« C'est un enfant que nous jugeons ; qu'allait-il faire chez les bandits ? »

Le Mongol chargé de faire le réquisitoire se lève et, après avoir salué profondément le souverain, énumère d'une voix coupante tous les vols dont les nomades du district ont été victimes.

« Vingt chevaux ont été pris chez Gengisser.

— C'est exact.

« Nous devons faire un exemple. »

— Une cinquantaine chez son voisin trois jours plus tard. Puis dix chez le chef Gentsaï.
— C'étaient mes meilleures montures.
— Plus de soixante chez vous, Aithom.
— Soixante-quatre, pour être précis. »
A chaque accusation, les juges prennent un air sévère et Ping se ramasse encore plus sur lui-même. C'est tellement lourd à porter, à lui seul, le poids des crimes des brigands.
« Nous avons pourchassé ces scélérats jusque dans la montagne, continue l'accusateur, nous leur avons tendu un piège dans lequel nous espérions qu'ils tomberaient tous. Hélas ! La plupart ont pu s'échapper, mais celui qui nous est resté dans les mains supporte le poids de mes accusations : il paiera pour les autres.
— C'est logique.
— Vous connaissez la loi de la steppe : elle est implacable, rigoureuse et condamne à mort le voleur. Si nous voulons qu'à l'avenir nos troupeaux soient respectés, nous devons l'appliquer.
— Bien sûr, nous devons faire un exemple.
— Mais, fait observer le très vieux chef, c'est un enfant que nous avons devant nous.
— Un enfant ? Non pas, il avoue près de dix-huit ans ; il a l'âge requis pour tomber sous le coup de notre loi.
— Il s'est bien trouvé assez vieux pour venir voler nos montures : qu'il en subisse les conséquences. »
Dans une discussion de ce genre, d'habitude Gengisser intervient pour recommander la pon-

dération. Il a envie de faire remarquer que cette épave qui est devant eux n'a certainement pas pu prendre une part très active dans les activités de la troupe des brigands mais sa pensée va vers Kumbo qui, à cause de ces voleurs maudits, lutte désespérément contre la mort et il lui est impossible de parler... A sa droite, son voisin explique :

« Vous avez remarqué que notre voleur est chinois. Ces étrangers qui viennent s'installer sur nos terres n'ont vraiment aucun sens moral : si nous ne nous défendons pas, ils finiront par nous dévorer tout vifs. J'espère qu'on le traitera sans indulgence. »

Après s'être recueilli un moment, après s'être entretenu à voix basse avec ses conseillers, le souverain prend la parole.

« Je déplore, dit-il, de ne pas avoir devant moi le chef de ces brigands qui se cache comme un lâche. Pour que ce scélérat apprenne la façon dont nous traitons les gens de sa sorte, JE CONDAMNE SON COMPLICE A MOURIR.

« J'ordonne que, dès demain, il soit traîné dans tous nos villages et exposé sur les terre-pleins aux insultes des habitants. Le dixième jour de la prochaine lune, il sera ramené ici et le lendemain, au début de l'heure du dragon, mon bourreau lui coupera la tête.

« Que ce que j'ai dit se fasse. »

Malgré l'opération bien supportée, Kumbo ne va pas mieux. Il ne délire plus mais n'a pas encore repris conscience et tombe, par moments, dans un état de prostration qui fait penser à la mort.

« C'est la faiblesse, explique la bonne mère Assa : sans manger, comment voulez-vous qu'il trouve la force de lutter contre le sang impur qui l'empoisonne ? »

Deux ou trois fois, en le piquant avec son aiguille, l'acupuncteur a senti une réaction dans la chair. Un jour même, pendant cette opération, Kumbo a ouvert les yeux et a souri faiblement comme s'il reconnaissait ceux qui étaient autour de lui... Hélas ! ce mieux n'a pas duré !

Unissant leur science et leur expérience, les deux médecins ont déjà essayé tous les médicaments connus et secouent tristement la tête.

« Cela ne durera plus bien longtemps ainsi. »

Mais le Taï-fou a une idée.

« Un vieux lama de l'abbaye de Cou-To-Nor m'a parlé d'un lichen blanc qui pousse sous un arbre près de son monastère et qui fait merveille dans les cas d'infection tenace... On pourrait essayer de s'en procurer. »

Et on envoie à Cou-To-Nor un courrier rapide qui revient sept jours après. Selon les prescriptions du vieux lama, on fait avec le lichen une décoction très forte et cuillerée après cuillerée on en verse un grand bol entre les dents serrées du malade ; on recommence toutes les deux heures sans arrêter ni jour ni nuit et, en même temps, l'acupuncteur lui fait avec ses aiguilles des piqûres dans le mollet. Dès la seconde séance, sa figure s'illumine.

« Il réagit, j'ai senti mon aiguille frémir. Regardez comme les chairs la retiennent : c'est signe que les énergies ont tendance à s'harmoniser. »

Le lendemain soir, les hommes de science trouvent leur malade couvert d'une sueur abondante.

« Je le trouve mieux, murmure la bonne mère Assa : il est paisible et semble dormir. »

Kumbo dormait en effet ; sa peau était fraîche, sa respiration calme. Il s'éveilla deux jours plus tard et, fixant les deux femmes qui le regardaient, balbutia :

« Mère... Surong ! Qu'est-ce qui m'est arrivé ?

— Tu as été très malade, fils. Mais tu vas mieux maintenant, grâce soit rendue aux dieux et aux deux doctes médecins.

— Les voleurs ont été pris ?

— Certains d'entre eux : nous les punirons.

— Et *Va comme le vent,* où est-il ?... Est-ce que mon cheval est retrouvé ? »

Personne n'eut le courage de lui répondre.

Kumbo se remet rapidement. Sous la surveillance de sa mère, Surong lui cuisine toutes sortes de bonnes choses et il mange comme un ogre pour rattraper le temps passé à jeûner ; il dort beaucoup aussi mais sa gaieté ne revient pas.

« A-t-on retrouvé mon cheval ? demande-t-il à chaque instant.

— On ne l'a pas encore, lui répond toujours

Surong, mais nos gens sont sur une piste : dépêche-toi de te remettre pour les aider à le retrouver. »

Maintenant qu'il est assez fort, Gengisser décide de l'avertir.

« Nous te l'avons caché jusqu'ici, fils, à cause de ta faiblesse, mais tu es un homme et tu dois te mesurer courageusement avec l'adversité...

— Vous avez de mauvaises nouvelles de *Va comme le vent* !

— De ton cheval et de tous les autres, oui.

— Vous n'arrivez pas à le retrouver ?

— Non.

— Vous n'avez plus aucun espoir ?

— Aucun.

— Vous m'aviez dit que dans la bataille nous avions fait des prisonniers.

— Un prisonnier exactement.

— Et vous ne lui avez pas fait cracher la vérité ? Ce bandit n'a pas donné l'endroit où sont cachées nos montures ?

— Si. Elles sont loin... Il les ont revendues en Chine.

— Même si elles sont au bout du monde, quand je serai guéri complètement, je m'en irai chercher la mienne.

— De quel côté dirigeras-tu tes recherches ? La Chine est grande, tu sais ; il nous faudrait au moins un indice, savoir où et à qui les revendeurs avaient l'intention d'offrir les chevaux : le prisonnier que nous avons fait est un comparse vulgaire qui ne connaît rien aux affaires de la bande.

— Et alors?

— Alors il faudra que tu te résignes à choisir un autre cheval dans le troupeau.

— Ça, jamais!

— Je comprends ta réaction : moi aussi, j'ai aimé certaines montures plus que d'autres et, à ton âge, le malheur prend de grandes proportions : on croit ne jamais pouvoir supporter son chagrin... Et puis la peine s'atténue, on se console avec le temps.

— Je ne me consolerai jamais.

— Tu deviendras raisonnable.

— Ce voleur dont tu parlais, celui qui est prisonnier, qu'en avez-vous fait?

— Le seigneur a réuni l'Assemblée et devant tous les chefs, l'a condamné à mourir. Il fait en ce moment le tour de nos villages où on l'expose sur les terre-pleins; chacun peut ainsi soulager son cœur en l'injuriant à son aise. Le onzième jour de la prochaine lune, nous le mettrons à mort ici même : le bourreau le décapitera.

— Je pourrai assister à l'exécution?

— Si tu es assez fort pour aller jusqu'à la place, pourquoi pas?

— Je serai assez fort. Cela me fera plaisir de le voir mourir.

— ...

— Ce brigand a pris mon cheval, père... Si tu savais comme je le hais!

— ...

— Et je hais tous ses compagnons : ceux qui volaient avec lui. Je voudrais qu'ils soient pris aussi, qu'on les tue, qu'on les martyrise... On devrait les écorcher vifs, les brûler à petit feu.

— Comme tu y vas, mon garçon ! Et je ne suis pas d'accord avec toi. Nous avons décidé de faire mourir le prisonnier. Nous y mettons même une certaine ostentation en l'exposant dans nos villages parce que nous devons nous défendre : que deviendraient, dis-moi, nos troupeaux qui paissent librement dans nos pâturages si l'on pouvait les prendre sans risque ? Tout le monde doit savoir que celui qui tient à la vie ne doit pas voler les nomades. C'est bon cela, c'est raisonnable... Mais tuer par vengeance, nous n'en avons pas le droit : je te l'ai déjà expliqué.

— Je les déteste tant ces bandits !

— Il faut, tout en appliquant la justice, chasser la haine de son cœur.

— Je ne pourrais pas, c'est impossible.

— Ce n'est pas toujours facile... Mais nous devons y tendre, essayer.

— Je n'ai pas envie d'essayer !

— Le chagrin, fils, et les déceptions ne doivent jamais nous rendre méchants. »

« C'est un garçon comme moi »

Le onzième jour de la neuvième lune approche et Kumbo est presque guéri. Mais en se promenant avec Surong, il parle tout le temps de la même chose, à croire qu'il est la proie d'une idée fixe.

« Plus que huit... Plus que cinq... Plus que trois... Plus que deux jours et je le verrai.

— Tu verras qui ?

— Ce maudit voleur, pardi ! C'est après-demain qu'on l'attend et le jour suivant, au petit matin, on lui coupe la tête : j'aurai plaisir à regarder ça.

— Je ne te reconnais plus, Kumbo : tu as toujours été bon, très bon même, et maintenant tu te réjouis de voir... Brrr, rien que d'y penser je frissonne.

— Tu frissonnes, vraiment ? Et *Va comme le vent,* tu n'y penses plus !

— J'ai eu autant de peine que toi quand il a disparu.

— Quand on me l'a volé, tu veux dire. C'est fini, je ne le verrai plus... Et toi, tu as pitié des voleurs.

— C'est terrible de faire mourir un homme.

— Ils m'ont presque tué aussi : tu as vite perdu la mémoire.

— Je n'oublierai jamais tout ce que tu as souffert.

— La grande Assemblée des chefs, notre souverain à leur tête, l'a condamné à mort : tu critiques leur décision ?

— Je ne critique pas, Kumbo ! Ils ont raison tous, mon père me l'a bien expliqué. Nous devons être inflexibles pour nous défendre, pour faire respecter nos troupeaux ; mais toi, c'est par vengeance uniquement que tu veux voir mourir cet homme : on dirait que d'y penser te réjouit.

— Bien sûr ! Cela me fait plaisir... Je les hais, ces gueux qui m'ont privé de mon poney, qui l'ont volé, qui l'ont fait souffrir. On va tuer un des voleurs, c'est très bien, mais ce n'est pas assez... Je passerai toute ma vie à chercher les autres, tu entends : je les poursuivrai dans la montagne. Quand j'en aurai attrapé un je le martyriserai à tel point qu'il souhaitera rejoindre les diables dans les enfers.

— Et moi je ne peux pas m'empêcher de penser que celui qui va mourir dans trois jours a un père et une mère qui vont être au désespoir.

— Ils n'avaient qu'à lui apprendre à respecter le bien des autres.

— Qui te dit qu'ils ne l'ont pas fait? Sans être très mauvais, c'était peut-être un faible qui se sera laissé entraîner.

— Tu m'agaces avec tes raisonnements.

— Il regrette sans doute amèrement ses crimes. Si les chefs lui avaient pardonné, peut-être aurait-il renoncé à sa vie de brigand. Il est jeune à ce qu'on m'a dit : à son âge, on peut vivre encore de longues années et les employer à racheter ses fautes.

— Il aurait pu aussi continuer à nous voler nos chevaux.

— On n'en sait rien mais, comme dit père, toi, tu as tort de laisser ton âme s'emplir de haine et de rancœur. »

La veille du jour de l'exécution, au début de l'après-midi, les trompettes d'argent sonnent en haut de la tour de la pagode. C'est le signal : le chariot est en vue sur la piste. Le voleur revient pour être exposé sur la place jusqu'au coucher du soleil. Demain matin, quand sonnera l'heure du dragon, peu après le lever du soleil, il sera mis à mort. Tous les habitants de la ville veulent voir comment est fait ce brigand.

« Tu viens avec moi, Surong? »

Suivi par sa petite compagne, Kumbo avance,

pressé par la foule. Le cœur du garçon est gonflé de haine.

« Je vais le voir enfin, ce diable ! Je pourrai lui cracher au visage, le menacer, l'injurier. Je lui dirai... »

Traîné par des bœufs, entouré de six policiers à cheval, le chariot avance dans un nuage de poussière et longe lentement la rue principale : on ne distingue pas le prisonnier.

Le convoi arrive sur la place et les cavaliers s'écartent : un paquet noir est comme tassé dans un coin de la charrette... Traînant Surong par la main, Kumbo creuse son chemin dans la foule. Le voilà au premier rang, presque en face du monstre. Il lève son poing pour le menacer... Et son poing retombe, inerte.

Dans le chariot, à genoux, les bras attachés à la chaîne qui lui pend derrière le dos, la tête tirée en arrière, comme soulevée par le carcan, se tient UN GARÇON COMME LUI, mais si maigre, si misérable qu'on le croirait beaucoup plus jeune. Ses yeux que le soleil blesse sont fermés ; sur sa figure, noire de crasse, de longues traînées de sang ont séché et des mouches vertes tourbillonnent autour de lui comme s'il était déjà mort.

La foule crie et le maudit, le prisonnier ne réagit pas. Depuis des jours et des jours qu'on l'expose ainsi partout il est habitué aux injures. Une vieille s'approche et le taraude de sa canne puis, se dressant, lui crache en plein dans la figure. Le malheureux ouvre alors les yeux et les abaisse sur tous ces gens qui le détestent. Son regard accroche une seconde le regard de Kumbo et le garçon y lit un tel désespoir que son cœur est bouleversé...

« Viens, Surong! partons d'ici : j'en ai assez vu. »

Comme on fuit une vision insupportable, le jeune Mongol se sauve à grandes enjambées.

Entre la yourte que le seigneur a prêtée à la famille de Gengisser et le mur du monastère, il y a un espace étroit où jamais personne ne vient. C'est là que Kumbo s'est réfugié.

Assis contre le mur, la tête cachée dans les mains, le garçon reste longtemps immobile, silencieux. Surong est debout devant lui...

Puis Kumbo lève la tête et murmure, la voix rauque :

« Tu as vu?

— J'ai vu.

— C'est un garçon comme moi.

— Oui.

— Son visage est couvert de plaies, c'est affreux!

— J'en ai eu les larmes aux yeux... Mais qu'est-ce qui t'arrive, Kumbo? Tu ne vas pas retomber malade? Tes joues sont rouges comme si tu avais la fièvre.

— Je vais très bien, ne t'inquiète pas, mais je pense à ce que tu m'as dit ces jours-ci.

— Je t'ai dit tellement de choses.

— « Il a un père et une mère qui seront

« Je ne veux pas qu'il soit tué. »

« désespérés. » Tu avais raison : ce condamné n'a pas une tête de brigand. Il aura dû être entraîné et ce n'est pas juste de lui faire porter la responsabilité de tous les vols que nous avons subis.

— Le Conseil des chefs l'a pourtant décidé ainsi : « Nous devons faire un exemple », ont-ils dit.

— Un exemple, tu me fais rire ! Si tu crois que ses lâches compagnons s'inquiètent de son sort... Il doit avoir environ mon âge.

— Un peu plus : il a avoué dix-huit ans.

— Il aurait pu vivre encore très longtemps, se racheter, devenir un honnête homme... Et demain, quand ce garçon sera mort, il n'aura été qu'un voleur. »

La voix de Kumbo se fait coupante. Il scande maintenant ses mots :

« JE NE VEUX PAS QU'IL SOIT TUÉ.

— Que tu le veuilles ou non, tu n'y changeras rien.

— Il faut que je fasse quelque chose.

— Tu ne peux rien faire, tu le sais bien : on ne se révolte pas contre la décision du prince.

— Je vais l'aider à s'enfuir.

— Mais tu ne peux pas, Kumbo !

— Je le ferai quand même.

— Tu es fou ! La condamnation a été approuvée par toute l'Assemblée des chefs : c'est très grave de s'insurger contre une décision de ce genre.

— Ce sera moins grave pour moi que pour lui.

— Tu ne penses plus à ton petit Noir ?

— Je n'oublie pas mon poney... Mais le prisonnier est un homme : je dois faire quelque chose pour lui.

— Si tu es pris, tu seras sévèrement puni.

— Ça m'est égal. Depuis que je l'ai vu, ce garçon, j'ai compris que cette chose qu'on veut faire demain ne peut pas, ne doit pas se faire : si je le laissais mourir je m'en repentirais toute ma vie.

— Mais cela ne te regarde en rien... Et d'ailleurs c'est impossible.

— Il faut d'abord lui enlever son carcan.

— Tu sais bien qu'il est fermé par une chaîne cadenassée.

— Où est la clef du cadenas?

— Comme pour chaque condamné à mort, le chef de la police la garde à une chaîne qu'il porte toujours suspendue au cou.

— Puisqu'on ne peut pas avoir la clef, il n'y a qu'à scier le cadenas. Le forgeron a des scies à métaux, je les ai vues. Sans qu'il le sache, je lui en emprunterai une et si je parviens à me glisser auprès du prisonnier, je pourrai travailler en paix : j'ai entendu tout à l'heure le chef de la police recommander aux gardes d'ouvrir l'œil mais de laisser l'homme seul, en paix pour sa dernière nuit.

— Si les gardes ne te voient pas ils t'entendront, malheureux, lorsque tu scieras le métal.

— C'est vrai... Mais ce sont des chasseurs de notre village qui surveilleront le condamné cette nuit. Ce matin encore, je m'en trouvais honoré.

— Tu crois que, pour te faire plaisir, Fathom et Kurlog, les deux gardes, vont se boucher les oreilles... Ce sont des hommes de devoir qui obéissent aux ordres reçus.

— Je sais, Surong, je sais.

— Au moindre bruit suspect, ils agiront.

— On doit pouvoir les empêcher...

— Ne rêve donc pas tout éveillé ! Ton projet est une utopie.

— Et toi, ne me contrarie pas tout le temps ainsi. Aide-moi plutôt : tâche de trouver une idée. Tu en as parfois de si bonnes.

— Laisse-moi réfléchir... Eh ! pourquoi pas ?... Ce serait peut-être possible.

— Quoi ?

— Écoute : pendant ta maladie, tu étais si nerveux, si agité que le Taï-fou t'avait préparé une potion aux graines de pavot. Quand tu en avais pris une cuillère, tu étais comme assommé. Il doit en rester encore dans le fond de la bouteille : on pourrait peut-être s'en servir pour endormir les gardes.

— C'est une très bonne idée... Mais comment leur faire avaler cette drogue ?

— Le seigneur a donné des ordres pour que tout le monde se réjouisse ce soir. On doit allumer un grand feu au milieu de la place, il y aura des chants, des danses, et les deux hommes de faction près du prisonnier vont se sentir très seuls, à l'écart : si j'allais leur porter un plateau de nourriture, quelque chose de bon, de chaud dans lequel j'aurais versé le médicament... Ils seraient contents de l'attention.

— Merveilleux ! Il faudra mettre beaucoup d'épices pour qu'ils ne s'aperçoivent de rien. »

Voilà les deux complices à l'œuvre : Kumbo a subtilisé la scie à métaux du forgeron et Surong a déjà fait cuire quelques douzaines de petits pains au sésame ; avec du vinaigre, des œufs battus, du soja et des épices fortes, elle a tourné une sauce bien pimentée et elle s'apprête à faire griller sur le réchaud de charbon de bois un tas de minces tranches de viande de mouton que le garçon a découpées.

«Tu ne crois pas que nous en préparons beaucoup trop?

— Non, non, il en faut pour nous aussi. En rentrant, père et mère seront contents de trouver le repas préparé; j'attendrai qu'ils soient retournés sur la place pour porter les pains farcis aux gardiens : il ne faut pas intriguer les parents.

— Tu as raison : ils nous poseraient des tas de questions!

— Mais ce n'est pas tout de délivrer ton voleur. Si tu ne veux pas qu'il s'égare dans la steppe ou soit repris par nos cavaliers, il faut lui procurer une monture.

— J'y ai pensé. Le cheval attend, tout sellé, attaché à un arbre près de la porte du sud. Nous ferions bien de songer aussi à des provisions.

— J'ai préparé ce qu'il faut : viens m'aider à en charger le cheval.»

Mais quand Surong a vu la monture préparée pour le voleur, elle s'est exclamée, contrariée :

«Tu as choisi la jument grise, le cheval que mon père préfère! Tu aurais dû en prendre un autre...

— J'ai bien hésité, Surong. Mais la Grise seule est capable de revenir de très loin dans nos pâturages sans s'égarer en chemin. Tu te rappelles le jour où Aïka s'est perdu dans la montagne à plus de deux cents lis du campement; le soleil était caché et il n'arrivait pas à s'orienter : il a suffi qu'il lâche la bride à la jument pour qu'elle retrouve le chemin.

— Elle a un flair extraordinaire mais ce n'est pas une raison pour en priver mon père.

— Tu ne comprends pas : il n'est pas question de léser père, nous avons perdu assez de chevaux comme ça. Nous dirons à ce garçon qu'une fois arrivé à destination il doit rendre la liberté à la Grise : elle reviendra droit chez nous.

— Je me demande si cet amateur de chevaux ne va pas plutôt essayer de la garder.

— Tu ne voudrais tout de même pas qu'il nous vole après ce que nous aurons fait pour lui. »

Le père et la mère de Surong sont rentrés chez eux pour un rapide repas du soir. Gengisser, à peine restauré, déclare :

« On m'attend au palais du prince. »

Et il repart aussitôt.

Après avoir rangé la vaisselle, la bonne Assa a expliqué :

« La voisine m'a demandé de la conduire voir la fête. Allez de votre côté, les enfants, amusez-vous et ne rentrez pas trop tard. »

Et voilà ! Ils ont le champ libre...

« Dépêchons-nous, dit Kumbo. Commençons par les gardes. »

Surong mélange le médicament au reste de sauce, puis à la viande qu'elle a réchauffée ; elle en farcit les petits pains, les empile sur un plateau et va les porter aux deux hommes.

Fathom et Kurlog sont à leur poste : les mains appuyées sur le canon de leur fusil, ils attendent que la nuit se passe. Les jeux organisés par le seigneur ont drainé toute la population et ce coin de la ville est désert ; la yourte du condamné est sombre ; le garçon y est tapi dans un coin, immobile, silencieux, à croire qu'il est déjà mort... « Notre garde sera sans histoire », pensent les factionnaires. Mais ils n'en relâchent pas pour autant leur vigilance : on leur a donné l'ordre de surveiller le prisonnier, il sera bien surveillé.

Les Mongols préféreraient pourtant être sur la place avec les autres. Par bouffées, des rumeurs de fête leur parviennent : « On doit bien s'amuser là-bas ! »

Leur cœur est mélancolique.

De voir arriver Surong les distrait de leurs pensées sombres.

« Où vas-tu comme cela, fillette ?

— Qu'est-ce que tu portes sur ton plateau ?

— Ce sont des petits pains fourrés que j'ai préparés pour vous.

— Pour nous vraiment ! Ce n'est pas possible...

— J'ai pensé que vous étiez seuls pendant que les autres s'amusaient et que la nuit est bien longue quand on ne la passe pas à dormir.

— Comme c'est aimable de vouloir nous consoler.

— Quelle délicieuse odeur ont ces petits pains... Mais tu t'en vas déjà : tiens-nous compagnie cinq minutes.

— Je ne peux pas, Kumbo m'attend. Bon appétit à tous les deux.

« Quelle délicieuse odeur ont ces petits pains... »

— Quelle bonne idée a eu Surong, déclare Fathom, la bouche pleine : ses petits pains sont savoureux.

— Homph ! réplique Kurlog, ils sont chauds et ça fait du bien... Mais tu ne les trouves pas un peu amers ?

— Un peu trop épicés peut-être. La fillette n'a pas en cuisine l'expérience d'une grande personne. N'empêche que c'est bien gentil d'avoir ainsi pensé à nous. »

Et les deux hommes rassasiés reprennent leur position de garde. Les mains sur le canon de leur fusil, ils scrutent patiemment la nuit. De temps en temps, l'un d'eux fait avec soin le tour de la tente : même si tout paraît tranquille, ils veilleront avec conscience.

En revenant d'une de ces rondes, Fathom bâille.

« Pristi ! Que j'ai sommeil... »

Cinq minutes plus tard, il bâille encore.

« Oh ! là ! là !... Je donnerais gros pour être dans mon lit. Je ne me suis jamais senti aussi fatigué.

— Tu auras mangé trop vite : ta digestion est mauvaise.

— Tu crois ?

— J'en suis sûr.

— Mes jambes sont lourdes comme du plomb, mes yeux se ferment tout seuls.

— Tu ne vas pas t'endormir au moins ?

— Pour qui me prends-tu ?

— Secoue-toi ! Moi je vais faire un tour... »

Et Kurlog, qui lui aussi se sent pesant, met son fusil sur l'épaule et marche à grands pas pour chasser sa torpeur : on dirait un canard qui s'ébroue. Quand il revient, Fathom est écroulé par terre, son arme entre les bras, il ronfle.

« Hé là !... Fathom !

— Laisse-moi.

— Réveille-toi, vieux.

— Qu'est-ce que tu dis, qu'est-ce qu'il y a ?

— Tu dors, et TU ES DE GARDE.

— Homph...

— TU ES DE GARDE, MALHEUREUX ! »

Il a beau le secouer, l'autre grogne, se détourne et continue à ronfler... Que va faire Kurlog ? Quitter son poste pour aller demander qu'on relève Fathom ?... Ce n'est pas possible. Mieux vaut assurer la garde tout seul.

Mais quelque chose ne va pas. Le cavalier a été souvent de faction la nuit, aujourd'hui, le service lui pèse : son cerveau est nébuleux, il a du mal à mettre ensemble ses idées... Et le paysage qui est tout bleu dans le clair de lune a l'air de danser devant lui... Ses paupières sont lourdes, lourdes... Il doit faire un effort considérable pour garder les yeux ouverts.

« Si je comptais jusque cent pour me tenir éveillé ? »

Et le voilà qui commence... « Une, deux, trois... quatre... » A cinq sa voix s'empâte, il trébuche sur le sept, ébauche un huit imperceptible et... c'est fini pour lui de compter : en position de service, le fusil entre les jambes, les deux mains sur le canon mais le menton dans les deux mains, il s'est endormi debout.

« Ça y est », murmurent les deux conspirateurs qui guettaient dans l'ombre.

Ils soulèvent l'ouverture de la yourte et, silencieux comme des chats, se faufilent à l'intérieur. Habitués à la lumière de la lune, les enfants ne distinguent rien d'abord puis aperçoivent, blottie contre la paroi de feutre, une masse sombre qui respire à petits coups saccadés. Le prisonnier a très peur : il est persuadé qu'on vient déjà le chercher pour mourir.

A voix basse, Kumbo lui explique qu'il veut le délivrer de ses chaînes et de son carcan, essayer de le faire fuir. L'autre n'a pas l'air de comprendre et, quand le garçon l'empoigne pour le relever, se met à geindre : il va réveiller les dormeurs !

« Tais-toi donc, malheureux... »

Surong reprend l'explication : le condamné saisit qu'on veut lui enlever ses chaînes mais ne réalise pas très bien pourquoi.

Pour le sauver ?... Ce n'est pas possible : on le déteste trop pour l'aider. Ses tourmenteurs veulent se moquer une dernière fois et lui donner un faux espoir pour le faire souffrir un peu plus... Mais c'est prudent de les laisser faire ! Quand donc tout cela finira-t-il ?... Et Ping tend le cou, résigné.

Zzsss fait le métal en attaquant le cadenas de fer... Zzsss... Zzsss...

Un coup brusque ébranle la yourte. La lime en

arrêt, Kumbo écoute et son cœur bat un peu trop vite. Surong jette un coup d'œil au-dehors.

« C'est Kurlog, chuchote-t-elle. Le grincement de la scie a dû troubler son sommeil : il s'est redressé pour retomber de tout son poids sur la paroi de la tente... Le pauvre homme s'est rendormi tout de suite mais tâche de faire un peu moins de bruit. »

Kumbo reprend son travail avec précaution... A part le ronflement des dormeurs et, de temps en temps, venant de la place, des cris de joie assourdis, des cliquettements de cymbales, tout est calme.

« Va plus vite, chuchote Surong, ils ne danseront pas toute la nuit. »

Une lueur s'allume dans l'âme ulcérée de Ping. Si c'était pour s'amuser, les deux enfants ne prendraient pas toutes ces précautions... Ils disent peut-être la vérité et veulent vraiment le sauver ?

Alors un espoir fou l'envahit, l'étouffe. « Ce serait trop beau de vivre encore ! »

« C'est fait », murmure Kumbo en arrachant le cadenas.

Puis il enlève avec précaution la lourde chaîne, le carcan.

« Pauvre gars ! Il pèse bien cent catis, cet instrument que tu traînes depuis deux lunes. »

Surong qui s'est éclipsée revient avec un bol qui fume d'une façon appétissante et un gros paquet de vêtements.

« Mangez, dit-elle, dépêchez-vous. Puis vous

enfilerez ceci, c'est la vieille pelisse de Kumbo, son bonnet : le soleil était tout jaune ce matin, on pourrait avoir de la neige ces jours-ci.

— Je prends les devants, explique Kumbo. Toi, Surong, tu vas m'amener le prisonnier à la porte du sud, je vous y attendrai avec la jument. Enfonce-lui mon chapeau sur les yeux, remonte le col de la pelisse : si quelqu'un vous rencontre en chemin, il croira que tu te promènes avec moi. »

La nourriture chaude, la gentillesse des jeunes Mongols ont tout à fait réconforté Wang-Ping. Marchant à côté de la petite fille, il essaie en bégayant d'exprimer ses sentiments.

« Si je suis sauvé, c'est grâce à vous. Vous êtes bonne... très bonne...

— Oh ! répond Surong. C'est Kumbo que vous devez remercier, c'est lui qui a eu l'idée. Vous lui avez pourtant fait un chagrin terrible en lui volant son cheval : il avait un petit poney noir si gentil, si intelligent !

— Je ne savais pas, murmure Ping, je ne m'imaginais pas... Un cheval noir, vous avez dit ?

— Oui. Vous savez peut-être où il est.

— Oh ! non. Tous les chevaux ont été revendus à je ne sais qui et envoyés vers le sud. Mais je me souviens d'un poney noir qui faisait partie du premier groupe que nous avons pris. Cet animal était nerveux, volontaire et nous a donné bien du mal. Il ne voulait pas obéir et on l'a battu plusieurs fois, très fort.

— Ne parlez pas de cela à Kumbo : il aurait trop de peine d'apprendre que son cheval a été maltraité.

— Quand je pense que j'ai volé mes sauveurs ! »

A la porte du sud, avant d'installer Ping sur la jument, Surong lui explique :

« Dans cette poche, vous trouverez du millet grillé, un peu de beurre, de la farine et une demi-brique de thé. De l'autre côté, j'ai mis de l'avoine pour le cheval et j'ai attaché ici la bouilloire.

— Tu vas aller vers le sud-est, ajoute Kumbo, piquer droit dans la direction du mont Pelé. Tu dois trouver un point d'eau à dix heures de galop d'ici puis, quand tu seras dans la montagne, les sources ne te manqueront pas. Tiens, prends mon briquet de silex, je te le donne, il est à toi. Mais tu vas me promettre une chose : c'est fini de voler pour toi !

— Bien fini, je le jure.

— Tu ne retourneras pas chez les brigands ?

— Oh ! pour ça non ! Jamais plus.

— Où comptes-tu aller maintenant ?

— Chez mon père. Il est fermier dans la vallée du Ho-Bou-Dou. Je n'aurais jamais dû le quitter.

— C'est bien. Quand tu arriveras chez ton père tu rendras la liberté à la jument grise pour qu'elle revienne à nos pâturages.

— Pas de danger qu'elle s'égare ?

— Aucun. Elle a un flair extraordinaire. C'est la monture préférée de Gengisser, notre chef. Tu la renverras, bien sûr !

— Je le promets sur la tombe de mes ancêtres. »

Et Ping prend la main de Kumbo, se jette dessus, l'embrasse.

« Merci, dit-il, oh ! merci bien !... Même si je dois vivre cent ans, pas un seul jour je n'oublierai...

— Dépêche-toi, répond Kumbo. La fête va bientôt finir et il faut que tu sois loin lorsqu'on s'apercevra que tu es parti. »

Aidant Ping à monter en selle, il donne une claque sur la croupe de la jument grise qui bondit et part au galop... Bientôt sa silhouette s'estompe, se brouille, se perd dans la nuit.

« Et dire que, murmure Surong, pas plus tard que ce matin, tu te promettais du plaisir à voir ce voleur mourir.

— C'est peut-être idiot, réplique le garçon, mais depuis la perte de mon poney, c'est la première fois que je me sens content. »

La générosité fait-elle des miracles ?

Assa a soulevé la pièce de feutre qui ferme l'entrée de sa yourte et, par l'ouverture, le jour blafard s'insinue.

Le soleil est à peine levé ; dans la partie droite de la tente que l'usage réserve aux femmes, Surong dort profondément ; Kumbo doit en faire autant du côté des hommes, mais Gengisser est levé. A pas feutrés, il vient vers sa femme.

« Tu peux me donner mes habits de fête, dit-il d'une voix étouffée, notre prince me fait l'honneur de me placer à sa droite pour assister à l'exécution de ce matin. Je n'aime guère ces sortes de cérémonies : le vilain a eu beau nous voler nos chevaux, mon cœur se serre à voir un homme mourir ainsi. »

En buvant sa tasse de thé bouillant, il ajoute :

« Veille à ce que les enfants dorment le plus longtemps possible et défends-leur de venir sur la place : je préfère qu'ils ne voient pas le spectacle. Tu feras bien aussi de préparer les bagages, nous partirons à la fin de la matinée. »

Assa fait le ménage, nettoie tout soigneusement, range les ustensiles qui lui ont été prêtés pour la durée de son séjour, emballe les objets achetés dans les boutiques de la ville et met au rebut les boîtes de pilules, les fioles de médicaments qui datent de la maladie de Kumbo. « Grâce soit rendue aux dieux, notre fils n'en a plus besoin. »

Au fond de la yourte, séparés par une épaisseur de feutre, les deux enfants dorment toujours. De la place viennent des bouffées de rumeurs, des cris aigus, des grondements, comme si on huait quelqu'un.

« Ce pauvre gars, murmure la ménagère, il l'a mérité, bien sûr, mais il ne peut même pas mourir en paix. »

La voisine passe la tête dans la tente.

« Je vais voir jusque sur la place. Vous ne venez pas avec moi, Assa ?

— Non. Je reste ici, j'ai à faire et ces choses-là me glacent le cœur. »

Le temps s'écoule, des cris, des rumeurs viennent encore de la place. Il y a longtemps que tout devrait être fini...

Et la voisine revient, excitée.

« Il s'est sauvé, figurez-vous !

— Qui ça ?

— Le prisonnier, voyons ! On a trouvé la yourte vide.

— Ce n'est pas possible.

— C'est comme cela pourtant. Les deux gardes étaient endormis ou, du moins, faisaient semblant de l'être : tout le monde prétend qu'ils étaient de connivence.

— C'est Kurlog et Fathom qui étaient de service : deux cavaliers de notre village. J'en répondrais comme de moi-même.

— Cela a pourtant bien l'air d'un coup monté...

— Fathom et Kurlog n'ont pas trahi, croyez-moi.

— En tout cas, tout le monde les accuse et on s'apprête à leur faire passer un mauvais quart d'heure : certains même parlent de leur faire prendre la place du voleur sous le couperet du bourreau.

— Oh ! C'est horrible... Mais, s'il vous plaît, parlez moins fort : les enfants dorment et je préférerais qu'ils n'entendent pas. »

La recommandation vient trop tard... Kumbo est réveillé et arrive devant les deux femmes en rajustant ses vêtements.

« Je vais sur la place, tout de suite.

— Tu n'as rien à faire là-bas.

— Attends-moi, Kumbo ! Je veux partir avec toi », crie Surong de sa couche.

D'un bond, le garçon est près d'elle.

« Je te défends de sortir, tu entends : je ne

veux pas te voir mêlée à ces choses. Mère, je vous en prie, empêchez Surong de me suivre.

— Tu peux y compter, fils, mais à ta place, je n'irais pas non plus : ton père... »

Mais Assa parle dans le vide. Kumbo est déjà bien loin.

Sur la place la foule s'agite.

« Ce sont des traîtres, des criminels !

— On ne dirait pas ça à les voir.

— Hypocrites, comédiens...

— Il n'y a aucun doute, les brigands leur ont offert une grosse somme pour sauver la peau de l'autre... Vous voyez, malgré ce que disaient certains, ce petit voleur qui ne payait pas de mine avait son importance dans la bande, sans cela on ne s'en serait pas occupé.

— Comment ces fripouilles ont-elles pu s'entendre ainsi avec les voleurs ?

— Ils vont nous payer cher leur traîtrise.

— A mort les vendus, les lâches ! Qu'ils prennent la place du voleur... »

Le bourreau conserve son calme. Il a posé son sabre courbe sur le billot et, les bras croisés, il attend. La foule n'ose pas s'approcher de lui.

Contre le mur du monastère, le prince siège avec les chefs ; son regard se fait dur et froid en se posant sur Fathom et Kurlog, maintenus devant lui par deux policiers. Les pauvres n'ont aucune envie de se débattre : ils sont atterrés, ahuris et encore un peu endormis. Gengisser a quitté la place d'honneur à la droite du seigneur pour se tenir à côté de ses hommes, prêt à les défendre...

« Vous dites, commente le prince, que vous ignorez ce qui a pu se passer dans le courant de la nuit. Vous vous êtes sentis très lourds, tout à coup, et, sans même vous en apercevoir, vous avez dû vous endormir...

— Oui, seigneur très honorable, c'est cela exactement : de connivence avec les brigands, un sorcier nous aura jeté un sort.

— C'est invraisemblable, voyons !

— Ces hommes sont honnêtes, seigneur. Ils sont mes cavaliers, mes amis : j'en réponds comme de moi-même.

— C'est bien parce qu'ils sont tes hommes et que j'ai de l'estime pour toi que je prends la peine de les interroger. Mais ne sois pas naïf, Gengisser : leur cas est mauvais, crois-moi. Alors, vous deux, tâchez de m'expliquer un peu mieux. Vous n'avez rien entendu, rien vu.

— Rien, majesté. Absolument rien : nous dormions.

— Quelqu'un s'est introduit dans la yourte que vous aviez mission de garder, a scié le cadenas qui fermait la chaîne du carcan, s'est sauvé avec le prisonnier et vous, les sentinelles de faction, VOUS DORMIEZ. Il va falloir, mes gaillards, que vous trouviez une explication plus valable ou votre tête est bonne pour le billot du bourreau. »

Fathom et Kurlog se regardent. Ils sont encore

tout engourdis et ne comprennent vraiment pas la gravité de leur situation. Gengisser ouvre la bouche pour les défendre :

« Donne-moi le temps, noble seigneur ! Je veux leur parler seul à seuls.

— A mort les traîtres, qu'on s'en débarrasse ! » crie le peuple qui s'énerve.

Cinq pas plus loin, dans la foule, Kumbo se débat pour se dégager. Encore une poussée et il est au premier rang. Il se glisse alors sous le bras d'un policier et d'un bond se jette aux pieds du souverain.

« Pitié, mon seigneur ! Ces deux hommes sont innocents.

— De quoi te mêles-tu, gamin ?

— Pardonnez-moi ! Tout est de ma faute... C'est moi qui ai délivré le voleur.

— Toi... »

Gengisser s'est rapproché. Mettant la main sur l'épaule du jeune garçon :

« C'est mon fils. Ce qu'il a fait, j'en suis responsable. »

Puis s'adressant à Kumbo :

« Explique-toi, petit, continue-t-il, raconte tout, n'aie pas peur : je suis sûr que tes intentions n'étaient pas mauvaises. »

La foule étonnée s'est tue. Kumbo parle à demi-voix, tâche d'expliquer son émotion quand il a vu le prisonnier.

« C'était, voyez-vous, un jeune garçon comme

« Pitié, mon seigneur ! Ces deux hommes sont innocents. »

moi : il avait l'air si misérable et je n'ai pas voulu qu'il meure... »

Puis il parle de la lime qu'il a subtilisée chez le forgeron et, en prenant soin de ne pas citer Surong, raconte la façon dont les gardes ont été endormis.

« Vous voyez, disent ces derniers, c'était vrai ce que nous racontions. »

Le prince esquisse un sourire. Il voit plus clair dans cette affaire.

« Vous ne croyez pas, fait remarquer un des chefs, que nous ferions bien d'envoyer une patrouille à la recherche du prisonnier : il était si affaibli qu'il n'aura pas été bien loin.

— A moins que ce traître n'ait encore volé un cheval !

— Il n'a pas volé de cheval, réplique Kumbo fièrement, mais vous ne le rattraperez quand même pas : je l'ai fait monter sur la jument grise de mon père et voilà des heures qu'il galope.

— Tu lui as donné ma jument grise, malheureux !

— Je devais lui procurer une monture rapide pour qu'il puisse nous échapper.

— Tu penses à tout vraiment. »

Un remous se fait dans la foule. Surong est là, suivie d'Assa qui essaie de la retenir. D'une poigne solide, son père s'emploie à la dégager.

« Que viens-tu faire, clame-t-il, la place d'une fille n'est pas ici ! »

Sans répondre, la fillette s'est rangée au côté de Kumbo.

« Ce garçon a oublié de vous dire quelque chose, noble seigneur : je l'ai aidé, je suis fautive et je dois être punie avec lui. »

Le prince regarde Gengisser avec un air de pitié.

« Tes enfants, mon pauvre ami, sont remplis d'initiative... »

La foule a saisi, par bribes, une partie de ce qui s'est dit. De l'un à l'autre, les spectateurs se jettent des explications. La gentillesse de Surong les émeut.

« Laissez-les aller, implore une femme au premier rang, grâce pour eux, noble prince.

— Ces enfants, commente un vieux chef, ont été très inconséquents et ne savaient pas ce qu'ils faisaient. »

Mais, au fond, des hommes s'excitent et crient :

« Ce sont eux qui nous ont trahis. Punissez-les ! Vous n'allez tout de même pas leur faire grâce parce qu'ils sont les enfants d'un chef... »

D'autres scandent d'une voix hargneuse :

« Nous voulons qu'on punisse les traîtres : qu'attendez-vous pour agir ? »

Ces déchaînés hurlent plus fort que les autres, leur excitation est contagieuse et l'on n'entend bientôt plus que des cris hostiles.

C'est alors qu'Aïka entre en lice. Écartant à gestes larges ceux qui lui barrent la route, il rejoint les deux coupables, se carre devant eux et, les poings sur ses fortes hanches, en parlant haut, harangue la foule, lui explique que Kumbo est « un innocent » né sous une mauvaise étoile, un pauvre enfant illuminé qui a « la folie d'être bon ».

Sa voix éclate comme le tonnerre, les gens écoutent, médusés.

« Oui, mes amis ! Comme d'autres sont naturellement méchants, ce garçon est généreux jusqu'à la bêtise... Quand vous pensez qu'il s'était imaginé, l'an dernier, de dresser des chevaux sauvages sans même employer le fouet ! »

Devant une pareille naïveté, le peuple rit bruyamment.

« Tu oublies, réplique tout bas Kumbo, de leur dire que j'ai réussi.

— Tais-toi, chuchote son père, reste calme. Il

les fait rire, ils se détendent : tout va pouvoir s'arranger. »

La foule commence vraiment à comprendre qu'elle a affaire à un jeune idiot auquel on ne peut pas en vouloir. C'est ce que veut Aïka qui continue à égrener ses plaisanteries. Le prince se penche vers Gengisser.

« Je crois, chef, qu'il faut profiter du moment. Partez, dépêchez-vous, quittez la place, quittez la ville... Dans huit jours, cette affaire sera oubliée. Pour ma part, elle est classée mais j'aime mieux ne pas avoir à la juger. »

Aidée par les policiers qui leur ouvrent le passage, toute la famille regagne la yourte. Les bagages sont déjà prêts, il ne reste plus qu'à rassembler les chevaux et vivement en route pour le village...

Ils sont dix cavaliers à longer, à la file, le grand lac salé. Aïka ouvre la marche et chante à s'en faire éclater les cordes vocales. C'est qu'il est très fier de son coup : Kumbo lui a sauvé la vie, lui l'a tiré d'un mauvais pas et il s'est bien amusé en racontant ses boniments. Après lui viennent trois cavaliers, Gengisser dont la mine est sombre, sa femme la bonne Assa, Fathom et Kurlog qui ne décolèrent pas du sale tour qu'on leur a joué, puis, en queue, les deux enfants penauds. Le chef ne leur a fait aucun reproche mais comme sa mine est sévère !

« Pourtant, se dit le garçon, si c'était à refaire, je recommencerais : je ne pourrais pas m'en empêcher. »

Fathom a dit simplement :

« Vous n'auriez pas dû me ridiculiser ainsi, devant tous ! »

Et Kurlog, qui a le caractère emporté, a crié en gonflant la voix :

« C'est le fouet que vous méritez, garnements, et j'ai bien envie, Kumbo, à notre arrivée au village, de te caresser les reins. »

Le garçon n'a pas répondu. Il pense à son voleur qui galope lui aussi : « Il doit avoir gagné la montagne, il sera bientôt chez lui. »

La nuit venue, la troupe dort à la belle étoile. Le lendemain, au réveil, Gengisser frappe sur l'épaule de Kumbo et le regarde dans les yeux.

« Je me demande, fils, pourquoi tu as donné à ce voleur la jument grise que j'aimais tant ? »

De l'évasion, il ne parle pas : à croire qu'il n'est pas fâché que l'exécution n'ait pas eu lieu.

« Mais père, répond Kumbo, si je l'ai fait monter sur la Grise c'est parce que je savais que, la course faite, avec son flair extraordinaire, cette bête reviendrait à nos pâturages.

— Tu crois vraiment qu'en arrivant à destination, ce brigand va la relâcher ?

— Je le lui ai bien recommandé... Il me l'a promis.

— Je vois, fils, je comprends... Dans ce cas-là, évidemment. »

Et Gengisser s'est éloigné avec, dans le regard, une lueur attendrie.

« Je n'irai jamais, pense-t-il, au fond du caractère de ce garçon, de sa naïveté, de son bon cœur... Si jamais la Grise revient, on pourra dire que la générosité fait des miracles. »

Aïka a entendu la fin de cette conversation et prend Kumbo à partie.

« Tu crois qu'il va renvoyer la Grise, ton bandit ?

— Pourquoi pas ?

— Pauvre gosse ! je me moquais de toi hier matin sur la place et je croyais exagérer, mais tu es plus fou que je ne le disais... Il doit bien rire, l'autre ! Non seulement il a la vie sauve, mais il a encore gagné la meilleure monture du plateau.

— Je te dis qu'il relâchera la jument.

— Jamais.

— Il ne volera plus, il l'a promis.

— Un voleur reste toujours voleur.

— C'est un homme et les hommes changent, tu le sais bien. Tu m'as dit toi-même que dans ton jeune âge tu étais de la mauvaise graine et que ton père te battait.

— Oui. Quelles taloches j'ai reçues !

— N'es-tu pas maintenant un homme honnête et courageux ?

— Un peu querelleur parfois...

— Et taquin aussi, beaucoup trop. Mais tout de même, tu as bien changé...

— Je ne dis pas non.

— Mon voleur peut changer aussi.

— Tu raisonnes, tu raisonnes... Mais je veux bien parier la peau des dix premiers renards que j'attrape cet hiver que la Grise ne reviendra pas.

— Je tiens le pari, répond le garçon, et j'y ajoute six peaux de lynx. »

Les dix cavaliers marchent maintenant de front. Leurs chevaux foulent à longues enjambées l'herbe jaunie par l'automne et Aïka entame une chanson de route, il donne de la voix tant qu'il peut, puis tous reprennent le refrain en chœur : Assa chante elle aussi et la voix fraîche de Surong se mêle au chant de ses compagnons... Dans quelques heures, ils arriveront au village : ils sont contents de rentrer chez eux.

On verra...
si la Grise revient

Voilà dix jours qu'ils sont rentrés... Aïka se moque de Kumbo.

« Et mon pari, jeune héros ? Il n'est pas encore ici le beau cheval de notre chef !

— Laisse-lui donc le temps...

— Cinq jours pour que le voleur rentre chez lui, cinq jours pour que la Grise revienne : c'est plus qu'il n'en faut, dis-moi.

— Le garçon a dû être retardé.

— Ou il a trouvé la jument à son goût... »

Comme cet homme est agaçant !

Une lune entière s'est écoulée depuis la fuite du bandit et la neige commence à tomber.

« S'il ne l'a pas renvoyée, c'est trop tard, constate Surong : on ne peut plus passer la montagne.

— Je me demande, répond Kumbo, ce qui a bien pu arriver ?

— Ce qui est arrivé ? C'est tout simple, déclare Aïka : ton voleur a un bon cheval, il le garde et j'ai gagné mon pari...

— Non pas, se rebiffe le garçon. S'il ne lui est pas arrivé malheur, nous reverrons la jument au printemps. D'ici là, je suis plein d'espoir.

— L'espoir fait vivre, pauvre naïf.

— Moi, déclare Surong, je dis que Kumbo a raison et que la Grise rcviendra aux premiers beaux jours. »

« Il est temps que Kumbo prenne une part plus active aux travaux de la communauté », a déclaré Gengisser.

Et le jeune garçon s'agite tout le long du jour : il nettoie les bergeries, bouchonne les chevaux, les chameaux, prend son tour de garde... L'hiver est installé dans toute sa rigueur ; malgré le feu d'argol, il fait bien froid sous la tente de veille et on est gelé jusqu'aux os quand, au petit matin, il faut galoper pour réunir le troupeau dispersé et prendre au lasso les poneys dont on aura besoin dans la journée. Bah ! En travaillant, le petit Mongol pense moins à la jument grise : de toute façon, elle ne peut pas revenir avant la fonte des neiges.

A chaque départ pour la chasse, Aïka lance : « Tâche d'être adroit, ami Kumbo, car c'est dix peaux de renard et six de lynx que tu me donneras au printemps.

— A moins que ce ne soit toi qui me les doives», répond toujours le garçon.

Les taquineries du chasseur commencent vraiment à l'énerver.

La fonte des neiges arrive enfin. L'herbe nouvelle pointe sous la glace tendre et là-bas, à l'horizon, la montagne se dégage.

Tous les matins, le cœur battant, Kumbo va dénombrer le troupeau : il revient chaque fois déçu.

Personne ne parle plus de la Grise, Gengisser l'a défendu, mais quand il rencontre ses jeunes amis, Aïka ricane.

«J'ai une folle envie de le battre, déclare alors Kumbo.

— Laisse-le donc, il est stupide et je sais que tu as raison, répond toujours Surong; il faut attendre tout simplement : les cols de la haute montagne ne sont pas encore praticables.»

Un colporteur est arrivé hier. Il vient d'une vallée derrière les monts Kingham.

«Si les cols sont praticables? répond-il aux deux enfants qui l'interrogent. Vous le voyez bien, je suis passé... Il y a quatre jours au moins que les pistes sont dégagées.»

Alors?

Kumbo étouffe, il faut qu'il parle. Un soir que

les hommes sont rassemblés dans la tente de Gengisser, face aux anciens, il déclare :

« Je ne croirai jamais que ce brigand que j'ai sauvé a voulu voler la jument : ou il lui est arrivé malheur en route, ou la Grise a eu un accident au retour, ou bien encore elle arrivera ces jours-ci.

« *Tout doux, ma belle, tout doux...* »

— Tu avoueras tout de même qu'elle est en retard.

— Je le reconnais, je ne comprends pas. Ce garçon était sincère quand il m'a promis de la renvoyer.

— Il était peut-être sincère alors, a répliqué Aïka, mais l'homme change, tu l'as dit toi-même, et tu me dois dix peaux de renard. »

Le printemps s'étend sur la steppe, l'herbe est remplie de fleurs nouvelles et à l'horizon, la chaîne de montagnes se détache sur le ciel bleu sombre : seuls les pics qui restent blancs toute l'année ont encore leur calotte de neige. Voilà près d'un mois que la Grise peut passer les cols...

Chaque jour, à peine éveillés, Surong et Kumbo vont au troupeau voir si la jument n'est pas arrivée pendant la nuit.

« Pauvres naïfs, pensent ceux qui les voient passer, il leur faut du temps pour comprendre. »

Ce matin encore, ils se sont rendus aux pâturages et, distraite par un couple de jeunes écureuils qui jouaient sur un arbre, Surong a soudain tiré Kumbo par la manche.

« Tu vois ? » a-t-elle murmuré en pointant son index à droite.

Il y a, à l'écart, un cheval tout sellé qui broute.

« Mais... c'est la Grise », a balbutié le garçon.

C'est la Grise, il ne se trompe pas. Elle porte une selle toute neuve : une belle selle garnie de clous dorés qui brillent malgré la poussière ; elle a aussi des étriers de fer travaillé comme en utilisent les princes et deux sacs gonflés sur les flancs.

Les enfants bondissent près d'elle.

« Tout doux, ma belle, tout doux... Tu en as fait un long voyage... »

En vidant les sacs, Kumbo retire de la poche droite un grand collier de pierres bleues, un diadème assorti, des boucles d'oreilles.

« Ce n'est pas possible, Surong ! notre voleur t'envoie des cadeaux... »

Dans la poche gauche se trouve un joli couteau au manche d'ivoire travaillé et une lettre.

« Le couteau est pour toi, Kumbo. Il est trop gentil ce brigand ! Je me demande ce que dit la lettre ? »

Mais Kumbo ne sait pas lire, Surong non plus, ni ses parents, ni personne au campement. Il faut aller jusqu'au monastère, à une longue journée de cheval, pour savoir ce qu'elle contient.

« *Mes chers sauveurs,* dit la lettre, *excusez-moi si j'ai tardé à vous renvoyer la jument que vous avez bien voulu me prêter, mais en passant dans la montagne, elle s'était blessée au pied; l'hiver est arrivé avant que la plaie soit cicatrisée et, au printemps, je suis allé à la ville trouver un écrivain public : je voulais vous écrire pour vous dire combien je suis reconnaissant.*

« *Mon père a fait faire une belle selle à la monture de votre chef : il s'est adressé au meilleur bourrelier qui vient juste de terminer son travail; les autres cadeaux sont pour vous.*

« *Mais il y a autre chose encore : une nouvelle dont je me réjouis fort car elle me permettra, j'espère, de réparer le tort que je vous ai fait. A la ville, j'ai rencontré, par hasard, l'homme qui rachetait les chevaux volés. Je l'ai reconnu tout de suite... Bien que je tienne ma promesse d'être honnête et que les bandits me fassent peur aujourd'hui, j'ai pensé à mon jeune sauveur, et cela m'a donné le courage de l'aborder. Comme je feignais de regretter mes compagnons de brigandage, il m'en a donné des nouvelles : ceux-ci ont fait de mauvaises affaires, se sont disputés, battus et plusieurs ont été tués; la troupe est dispersée et vous n'avez plus rien à craindre. J'ai obtenu aussi de ce Bomberja des précisions sur le sort des chevaux volés : il les a tous embarqués pour Pékin et revendus là-bas à un certain Ma-Tsu-Fu, un homme très riche paraît-il, qui possède une grande écurie. Votre poney noir y est certainement et mon père dit qu'il faut aller le chercher.*

« Si mon sauveur veut bien venir me rejoindre à notre ferme dans la vallée du Ho-Bou-Dou, nous partirons à cheval vers Jéhol où nous prendrons le train pour Pékin. Mon père vous fait dire qu'il vous remercie profondément pour tout ce que vous avez fait pour moi et met toutes ses économies à votre disposition pour payer les frais du voyage. Moi, j'attends mon jeune sauveur... »

Suivaient des explications précises sur la route à parcourir pour atteindre par le plus court la vallée du Ho-Bou-Dou, et la lettre se terminait par les salutations les plus humbles de *votre dévoué Wang-Ping.*

« Tu vas y aller? demande Surong à Kumbo.

— Bien sûr.

— Je partirai avec toi alors. Ce sera tellement merveilleux de retrouver *Va comme le vent.* »

Gengisser et la bonne Assa ont écouté attentivement tout ce que les enfants leur ont dit sur le contenu de la lettre.

« Je peux partir, père? a demandé Kumbo.

— Tu partiras, pourquoi pas...

— Ne crains-tu pas, mon homme, que cette lettre contienne un piège caché?

— Non, femme. Ce garçon qui écrit est sincère. Kumbo doit aller chercher son cheval avec lui : s'il ne le retrouve pas, il aura du moins la satisfaction d'avoir fait tout ce qui est possible.

— C'est loin Pékin!

— Les voyages instruisent les jeunes. Je te donnerai vingt pièces d'argent pour tes frais de route, fils, plus une yamba[1] que tu revendras s'il te faut racheter ton cheval : je ne veux pas que tu manges les économies de ce fermier.

— Je voudrais aller avec lui, a imploré Surong.

— Les filles ne peuvent pas courir ainsi à l'aventure : tu attendras Kumbo ici. »

Et Surong s'est consolée en préparant toutes les affaires pour le voyage : les provisions, les vêtements...

« Oh ! mais c'est trop, beaucoup trop, je ne veux pas être encombré... Voyons, Surong, on va vers l'été, il fait chaud !

— Le temps peut changer ; quand tu passeras la montagne, sur les hauteurs, tu auras froid, et ce manteau protège contre la pluie... Tu remettras cette veste brodée à notre ami le voleur : je l'ai cousue exprès pour lui en remerciement de son beau cadeau. »

Et la fillette ajoute, les larmes aux yeux :

« Tu crois vraiment que tu vas retrouver *Va comme le vent* ?

— Je reviendrai avec lui.

— J'ai peur.

— Peur de quoi ?

— C'est loin Pékin, a dit mère : si tu rencontrais le malheur en chemin ?

— Que veux-tu donc qu'il m'arrive ?

1. Lingot d'argent en forme de fer à cheval.

— Je ne sais pas. Tu me promets d'être prudent ?

— Je le jure, là... Et ne fais pas cette figure triste, je te promets de revenir sans dommage.

— Je t'attendrai, Kumbo. Je me tiendrai, tous les soirs, à l'entrée du campement... Quand tu arriveras avec ton poney, c'est moi qui le verrai la première. »

Et un beau matin de printemps, un de ces matins éclatants où le paysage paraît tout neuf, comme s'il venait d'être créé, Kumbo est parti sur la Grise en piquant droit dans la direction du mont Pelé. Il atteint la montagne le soir, passe la nuit sous le rocher où, avec les guerriers du village, il a guetté les voleurs, et le soleil est à peine levé qu'il repart en suivant point par point l'itinéraire que lui a envoyé Wang-Ping. Il campe la seconde nuit au bord d'un ravin et débouche le surlendemain, au milieu de la matinée, dans la vallée du Ho-Bou-Dou.

Deux heures de galop encore et il arrive en vue de l'habitation des Wang : c'est une toute petite ferme, ses habitants ne doivent pas être riches mais les champs sont bien soignés ; le blé commence à pousser ; des poules, des dindons se sauvent devant la Grise qui, en reconnaissant les lieux, émet un long hennissement.

Un jeune homme arrive en courant.

« Hé ! crie-t-il en levant les bras, mon sauveur est venu enfin... »

Kumbo a de la peine à reconnaître « son voleur » : c'est maintenant un solide gaillard, sûr de lui, qui sourit et regarde les gens en face.

« Je croyais que mon sauveur ne viendrait plus ! Je l'espérais depuis plusieurs jours...

— Il m'a fallu aller jusqu'au monastère pour faire lire ta lettre, puis me préparer au voyage... Mais appelle-moi Kumbo, c'est plus simple. Parle-moi comme à un ami. C'est vrai que tu as l'adresse de mon poney noir ?

— Tout ce qu'il y a de plus vrai.

— On part tout de suite pour Pékin ?

— Demain matin, si tu veux bien : la route est longue jusque-là et un demi-jour de repos te fera du bien. »

Kumbo a donc passé la soirée avec la famille Wang et l'a trouvée fort sympathique : le père est sage, travailleur, la mère douce et intelligente, et les petites filles pépient comme une nichée de moineaux.

« Quelle idée t'a prise, Ping, de quitter une famille aussi aimable pour aller avec des brigands ?

— J'étais fou ! La douceur de la maison, la gentillesse de mes petites sœurs, la bonté de mes parents me pesaient... Je ne comprenais pas mon bonheur. »

Ils sont partis le lendemain au lever du jour. Kumbo monte toujours la Grise et Ping le suit sur une mule de la ferme. Ils sont bien lestés d'argent : le jeune Mongol a eu beau expliquer que son père lui a donné tout ce qu'il lui faut, le fermier a insisté pour y joindre ses économies.

« On ne sait jamais, ce Ma-Tsu-Fu qui a racheté ton poney peut exiger une grosse somme pour te le rendre et c'est à moi de payer : je suis responsable de mon fils, je dois l'aider à racheter sa faute. »

Ils atteignent Jéhol en cinq jours : c'est une ville importante qui ahurit le nomade.

« Il y a trop de gens ici !

— Que diras-tu à Pékin ? »

Ils doivent maintenant prendre le train : Ping a déjà fait le voyage en sens inverse, il y a cinq ans, lorsque sa famille a émigré, et se sent très fier de montrer son expérience. Il échange d'abord six beaux dollars d'argent contre deux petits cartons insignifiants, puis fait monter Kumbo dans une grande boîte où les gens s'entassent. Les deux amis sont assis sur une banquette, coincés entre une femme aux bagages débordants et un vieux monsieur qui transpire. Au coup de sifflet, le train s'ébranle... Quel bruit alors, quelle rapidité et quel fracas quand on croise un autre train ! Le jeune Mongol n'aime pas ça.

« Je ne comprends pas quel plaisir on peut avoir à se déplacer de cette façon ? Si nous avions continué à cheval...

— Nous aurions mis beaucoup plus de temps : regarde comme nous allons vite !

— Oui : je n'ai même pas le loisir de voir ce qui pousse dans les champs. »

Au coup de sifflet, le train s'ébranle...

La nuit est tombée quand le train s'arrête sous un grand toit où des gens crient et se dépêchent : on est arrivé à Pékin.

« Il est trop tard pour se présenter chez Ma-Tsu-Fu, constate Wang-Ping. Quand nous nous sommes arrêtés ici, voilà cinq ans, nous avons logé derrière la porte de Shien-Men, à l'auberge du Pont du Ciel : nous pourrions y aller dormir. »

Et Kumbo se laisse conduire à travers des rues pleines de lumière et de bruit ; il étouffe et se sent plus fatigué qu'après trois jours de chevauchée. Si ce n'était pour retrouver *Va comme le vent,* le jeune garçon fuirait vite cet enfer. A l'auberge il refuse de manger, s'étend sur le lit de brique où dix autres clients sont déjà installés et s'endort tout de suite, profondément.

Quand il s'éveille le lendemain, toute sa fatigue est partie.

« Dépêche-toi, Ping ! C'est aujourd'hui que nous allons retrouver *Va comme le vent.* »

L'aubergiste les renseigne sur la route à prendre :

« C'est du côté de Pao-Ma-Tchang. Vous devez traverser toute la ville, et sortir par la porte de l'ouest : il y a un fameux bout de chemin et vous feriez bien de monter dans des pousse-pousse.

— Quoi ! s'est écrié Kumbo. Que je me fasse traîner par un homme comme par un âne ou par un bœuf ? Jamais...

— Vous arriveriez plus vite ainsi.

— Ça m'est égal, je vais à pied.

— Si cela vous amuse ! Après tout, vous verrez mieux la ville. »

Les deux garçons sont repassés sous la grande porte de Shien-Men ; ils marchent dans des rues larges bordées de boutiques, longent des palais aux toits dorés, aux murs couleur de rose fanée.

« Regarde, Kumbo. Admire comme c'est beau ici...

— Tu ferais mieux de te dépêcher, Ping. J'ai hâte d'arriver chez ce Ma-Tsu-Fu et de retrouver mon poney noir. »

Il y a plus d'une heure que les deux amis sont sortis de la ville et traînent leurs pieds dans la poussière du faubourg : cette route est interminable...

Voici un grand bâtiment : une maison, des

écuries construites autour d'une cour ; on aperçoit des chevaux... C'est peut-être là ?

« Vous ne vous trompez pas : c'est bien ici chez Ma-Tsu-Fu, confirme un passant.

— Pour un amateur de chevaux, il manque vraiment de pâturages », critique le jeune nomade.

Et, en passant la porte large ouverte, son cœur se serre.

« *Va comme le vent* doit être malheureux chez lui. »

Dans la cour, Kumbo examine chacun des chevaux et ne voit pas son poney noir.

« Il est peut-être dans une écurie. »

Mais un grand jeune homme les accoste.

« Que faites-vous, que voulez-vous ?

— Nous sommes venus voir Ma-Tsu-Fu, répond Ping avec un salut.

— Vous avez une communication à lui faire ?

— Oui.

— Vous pouvez me parler : je suis son secrétaire. »

Et comme il voit que Kumbo ne comprend pas la langue mandarine [1], il reprend sa phrase en mongol :

« Vous pouvez m'expliquer l'affaire. »

Kumbo consulte Ping du regard. Il n'aime pas ce grand jeune homme ; sa robe est toute chiffonnée, ses ongles longs sont très sales et son regard est plein d'ironie.

1. La langue parlée à Pékin.

« Non, décide-t-il, c'est à Ma-Tsu-Fu lui-même que je veux parler.
— Le patron est très occupé.
— Nous voulons quand même le voir.
— Vous devrez attendre longtemps.
— Nous attendrons.
— Il me faudra forcer sa porte, encourir sa mauvaise humeur. Je ferais bien cela pour vous mais... ça se paie un service pareil.
— Ah ! dit Kumbo qui comprend enfin et met une pièce d'argent dans la paume qui se tend.
— Tiens, va prévenir ton maître. »
L'autre s'éloigne en faisant danser la pièce au creux de sa main : « Ce Mongol, pense-t-il, n'a pas l'air très dégourdi mais sa bourse est bien remplie et j'aurais dû demander deux dollars. »

Ma-Tsu-Fu a fait, l'année dernière, de bonnes affaires avec un Mongol et s'imagine que les garçons qui désirent le voir sont envoyés par lui. Il les reçoit tout de suite, leur parle la langue de la steppe mais trébuche sur les mots.
« Vous venez bien de la part de Bomberja ?
— C'est lui, seigneur, qui nous a donné votre adresse.
— Soyez donc les bienvenus. Quelle affaire me proposez-vous ?
— Nous ne venons pas pour une affaire, nous voudrions...
— Combien de chevaux avez-vous à vendre ?
— Nous ne voulons pas précisément vendre des chevaux.

— Pourquoi venez-vous alors? Expliquez, dépêchez-vous. »

Kumbo, que le ton de l'homme intimide, parle comme on se jette à l'eau.

« Vous avez, seigneur, acheté l'an dernier des chevaux à Bomberja.

— Plus de cent, et j'en rachèterais volontiers.

— C'étaient des chevaux volés.

— Hein !

— Dans le lot, il y en avait un petit noir qui est mon cheval à moi. Je suis venu le chercher.

— Qu'est-ce que vous me chantez là? Apprenez, jeune morveux, qu'il n'y a pas de chevaux volés chez moi.

— Ce n'est pas de votre faute si on vous a trompé.

— Je n'ai pas été trompé et si c'est pour me raconter ces sornettes que vous prenez mon temps, vous feriez mieux de déguerpir.

— Je vous en prie, laissez-moi regarder dans vos écuries. Je retrouverai sûrement mon poney.

— Jamais de la vie ! Partez vite d'ici, gamins.

— Je vous rachèterai le cheval : j'ai l'argent.

— Déguerpissez : c'est un ordre.

— S'il vous plaît, laissez-moi vous expliquer mieux, écoutez... »

Mais l'autre frappe sur un gong, refrappe plusieurs fois très fort et crie à la cantonade :

« Deux hommes ici, vite... Qu'on me débarrasse de ces impudents ! »

Et les garçons sont empoignés, jetés dehors sans façon...

Le beau retour en Mongolie

Les deux amis sont assis au bord du chemin à la place où, il y a une heure déjà, les hommes de Ma-Tsu-Fu les ont brutalement jetés. Ils ne veulent pas s'éloigner.

« Ce Ma-Tsu-Fu n'est certainement pas un honnête homme, déclare Ping. Il est de connivence avec les brigands : je l'ai bien vu à son air quand tu as parlé de chevaux volés.

— Je suis sûr, répond Kumbo, que *Va comme le vent* est dans ses écuries... Il faut absolument que j'aille y voir.

— Peut-être pourrons-nous cette nuit... Mais qu'est-ce que nous veut celui-là ? »

Les deux mains enfouies dans ses manches, à petits pas, en souriant, le secrétaire arrive vers eux.

« Je vous avais prévenus, susurre-t-il, le patron

est de très méchante humeur : si vous m'aviez d'abord raconté votre histoire, je me demande si je n'aurais pas pu l'arranger. Il n'est pas trop tard pour y réfléchir : vous parliez d'un poney noir.

— Comment es-tu au courant?

— C'est parfois très utile d'écouter aux portes. Ce poney vous a donc été volé?

— Oui.

— Vous aimeriez le récupérer?

— Naturellement.

— Hé, hé!

— Il est dans vos écuries! Je le sais, et toi tu le sais aussi... Je veux le voir tout de suite.

— Qu'il est naïf, ce garçon! Quelle est, penses-tu, la profession de mon patron? Pourquoi achète-t-il des chevaux?

— Parce qu'il les aime, pardi.

— Non pas! Il en fait commerce et les achète pour les revendre. Voilà belle lurette que ceux que lui a fournis Bomberja ont trouvé amateurs.

— Mon poney noir aussi?

— Certainement.

— Qui l'a acheté? Tu peux le savoir?

— Peut-être. Il faut pour cela consulter les livres de comptes. C'est moi qui les tiens à jour : en marge de chaque opération, j'ai l'habitude de faire une brève description de la bête achetée ou vendue. Je pense pouvoir ainsi retrouver la trace de votre poney noir... Si son acheteur habite Pékin, vous avez votre chance, mais s'il est de Shanghai ou d'ailleurs, ce sera plus difficile.

— J'irais à Shanghai, n'importe où pour

retrouver mon cheval. Je t'en prie, consulte tes livres, dis-moi vite...

— C'est que cela va me prendre du temps, beaucoup de temps ! C'est un travail qui se paie.

— Combien ?

— Quatre dollars.

— En voici six, dépêche-toi.

— Je ne puis rien faire aujourd'hui, je suis accablé de besogne... Cette nuit peut-être... Demain, trouvez-vous ici vers midi et je vous ferai part des résultats de mes recherches. »

Ping et Kumbo ont passé la nuit à l'auberge mais ils n'ont pas pu dormir et, le lendemain, le soleil qui se lève les voit déjà devant les écuries de Ma-Tsu-Fu. A midi, l'homme apparaît enfin.

« Tu les as, ces renseignements ?

— Je pense.

— Parle vite.

— Un petit poney noir venant du lot de Bomberja a été vendu cet hiver, avec deux autres chevaux, à Sir Williams, un étranger.

— Où habite cet étranger ?

— A Pékin, veinards ! J'ai tous les renseignements. Je sais même que Sir Williams se trouvera cet après-midi au champ de courses de Pao-Ma-Chwang où il a ses écuries.

— Je veux aller à ce champ de courses.

— J'y connais quelques ma-fous [1] : je pourrai vous y introduire.

— Combien demandes-tu pour ça ?

1. Palefreniers.

— Je rendrai ce service pour rien, mais si vous retrouvez le cheval, vous me ferez un beau petit cadeau. D'accord ?

— D'accord. Partons vite, dépêchons-nous. »

Ta-Hua, le secrétaire, est bien connu au champ de courses. Le concierge le laisse passer et, au pesage, tous les gens lui disent bonjour gentiment.

« Ton maître, demande-t-il à l'un des ma-fous de Sir Williams, a-t-il encore les trois chevaux achetés cet hiver ?

— Oui.

— Il en est content ?

— Les deux bais sont excellents, mais ne me parlez pas du petit noir !

— C'est pourtant un bon coureur.

— Ce diable pourrait gagner toutes les compétitions, mais c'est un cheval lunatique : un jour, il court que c'est une merveille et le lendemain on ne peut rien en faire. Les jockeys pensent que la bête a parfois des idées noires.

— Et Sir Williams ?

— Il est furieux, cela se comprend ! Le cheval lui a coûté cher. Mon maître est là, regardez : voyez-le ruminer sa mauvaise humeur. »

Et le ma-fou désigne du doigt un beau vieillard qui, adossé à la balustrade, mâchonne un cigare énorme.

« Le poney sera revendu s'il refuse de courir à la prochaine course. Dommage, car la bête est jolie !... Tenez, la voilà qui fait encore des histoires. »

Sur la piste, au tournant, un jockey vient d'apparaître sur une monture rétive. Il veut lui faire sauter une haie, elle renâcle, passe à côté, caracole : son maître doit la cravacher vigoureusement pour qu'elle revienne sur l'obstacle... Va-t-elle céder cette fois ? Elle fait mine de vouloir sauter, s'élance sans se faire prier... puis s'arrête pile et, profitant de ce que son cavalier essaie de rétablir son équilibre, se cabre, tourne en rond... L'homme se retrouve par terre.

« Damn [1] ! rugit Sir Williams, rien à faire avec ce poney : il est plus vicieux qu'un diable... Mais que lui veut ce gamin ? »

Ce gamin, c'est Kumbo qui a reconnu son cheval.

« *Va comme le vent,* crie-t-il en courant vers lui, je t'ai retrouvé mon poney, je suis ici ! »

A pas mesurés, le petit noir vient à la rencontre de son ami, s'arrête devant lui, le renifle, se laisse caresser tranquillement.

« Tu ne m'as pas oublié... »

Comme si elle voulait répondre, la bête émet un hennissement léger et le cœur du garçon se remplit de joie.

« Si tu savais, mon beau, comme la vie sans toi était triste. »

Mais le jockey s'était relevé, il vient vers eux et tend les bras, menaçant. Kumbo alors a une idée.

« Viens ! Montrons à ces tristes cavaliers comment sautent les nomades. »

1. Juron anglais : damne !

« Damn ! rugit Sir Williams, rien à faire avec ce poney ! »

D'un bond, il est sur son cheval, le serre entre ses jambes, s'installe et, rassemblant les rênes, le conduit devant l'obstacle, lui fait prendre un peu d'élan... Hop ! d'une détente, sans effort, *Va comme le vent* franchit la haie.

« Quel saut ! s'écrie Sir Williams... Mais où va

donc ce garçon avec mon poney? Arrêtez-le, vous deux ! »

A Ping et à Ta-Hua qui lui font signe, Kumbo lance tout en galopant :

« Nous allons faire un petit tour sur cette route qui tourne en rond... Nous revenons tout de suite... »

Le secrétaire s'approche alors de Sir Williams, le salue profondément et lui raconte l'histoire du petit poney noir. L'étranger ne quitte pas des yeux le cavalier et sa monture.

« Tu dis que c'est un cheval sauvage, que ce jeune garçon l'a dompté, qu'il n'obéit vraiment qu'à lui... Fameux ce galop, regarde... on dirait qu'ils volent. Quel jockey ferait ce Mongol ! »

Et lorsque Kumbo reparaît au tournant, Sir Williams s'avance vers lui.

« Sers-moi d'interprète, Ta-Hua. Explique à ce jeune nomade que je le prends à mon service. Je lui apprendrai le métier de jockey, il vivra ici, à Pékin, il fera courir son poney et gagnera beaucoup d'argent. »

Mais Kumbo hoche la tête.

« Je n'ai pas besoin d'argent et je ne veux pas vivre à Pékin : je retourne chez moi avec mon cheval.

— Mais sapristi, elle m'appartient, cette bête : je l'ai payée assez cher.

— Je vous rembourserai, je le peux.

— C'est très gai d'être jockey : je te donnerai une belle veste rouge et blanc et tu pourras galoper autant que tu voudras sur cette piste.

La course du printemps bat son plein...

— Courir ici, dans ce rond étroit, pour quoi faire ? Dans mon pays, j'ai toute la steppe pour m'entraîner. Rendez-moi ce cheval, il est à moi, je le veux.

— Écoute, intervient le secrétaire, tu t'entêtes... Cet étranger veut bien croire à ton histoire mais il a quand même acheté le cheval, la somme est inscrite dans nos livres... Alors il vaut mieux s'arranger : un autre de ces gros richards à peau blanche possède un cheval fameux que seul le tien pourrait battre. Si tu le faisais courir à la fête qui aura lieu dans trois jours, tu ferais plaisir à Sir Williams.

— Oui, répond Kumbo gravement, je veux bien rester trois jours. »

Et le vieux lord est satisfait.

« Si tu gagnes la course, petit Mongol, je promets de te rendre le cheval : tu pourras partir avec lui. » « D'ici là, pense-t-il, ce nomade prendra goût à mon écurie et, j'en suis sûr, demandera à rester... »

Pendant ces trois jours, Kumbo se laisse patiemment initier à toutes les finesses du métier de jockey.

La course du printemps bat son plein au champ de courses de Pao-Ma-Tchang. Aux tribunes, la haute société de Pékin, les belles étrangères, les Chinoises de haut lignage rivalisent d'élégance.

La foule se promène, va aux guichets, revient, critique, se passionne et pousse des cris d'enthousiasme ou de déception chaque fois qu'une course s'achève.

Les concurrents prennent place pour la dernière compétition, la plus importante, celle qui donnera au vainqueur la grande coupe du printemps. Montés par des maîtres jockeys, huit chevaux pleins de feu s'alignent ; Sultan, grand favori, est vraiment le plus beau de tous : sa robe rouge se lustre au soleil ; son cavalier, la tunique verte, a l'air calme et sûr de lui.

« Où est donc le cheval de Sir Williams ? demandent les habitués. Vous ne me ferez pas croire qu'il va faire courir ce poney noir...

— Mais si : le petit jockey à face plate qui le

monte porte les couleurs du lord. Regardez donc le programme !

— A Sir Williams, tunique rouge et blanc : Kumbo monté sur *Va comme le vent*...

— Ce jockey et ce cheval sont inconnus. Sultan ne sera pas encore distancé aujourd'hui ! »

Le starter a donné le signal et les chevaux ont pris le départ. Le favori laisse sagement un confrère prendre la tête et suit de près en second. Obéissant aux consignes qu'il a reçues, Kumbo retient son Noir autant qu'il peut et s'efforce de rester derrière. Au second tour, chacun conserve sa place mais, au troisième, Sultan distance son camarade et mène le jeu allégrement. *Va comme le vent* suit toujours et les spectateurs se disent que la course sera sans histoire.

Mais au milieu de ce dernier tour, Kumbo laisse aller les rênes, encourage son cheval d'un cri et, négligeant de serrer la corde, dépasse le second cavalier, le premier... Son poney a l'air de voler. Les jockeys qui le suivent cravachent en vain leur monture, le Noir allonge son avance et franchit la ligne d'arrivée de beaucoup avant les autres.

Les spectateurs crient, applaudissent et entourent le lauréat. Kumbo est étourdi par le bruit et son cheval devient nerveux ; il laisse ces gens qui le pressent et va se garer au pesage... Flanqué de Ping et de Ta-Hua, Sir Williams vient le rejoindre et lui dit son enthousiasme.

« Fameuse performance, mon garçon ! Tu as un

style, une assiette... Conduit par toi, ton poney noir peut gagner n'importe quelle course. Naturellement, après un pareil exploit, tu ne quittes pas mon écurie : je vous ferai faire, à toi et à ton cheval, une carrière magnifique ! »

Ping sert d'interprète entre l'Anglais et son ami. Dès les premiers mots traduits, le Mongol montre, par signes, qu'il n'est pas d'accord.

« Tu ne veux pas travailler avec moi ?

— Non.

— Tu ne veux pas vivre à Pékin ?

— Je veux rentrer en Mongolie.

— Par Jupiter ! réplique le vieil Anglais, tu ne peux pas me quitter ainsi ! Je ne te demande que deux ans de service, et quel service... Tu voyageras, je te mènerai à Sanghai, à Hong-Kong, à Singapour. Ce sont des villes immenses, magnifiques... tu y vivras comme un seigneur.

— On étouffe dans les villes.

— Je te ferai un pont d'or.

— A quoi me servirait votre or ?

— Et la gloire de gagner une course, qu'en fais-tu ? Que fais-tu de la joie d'écraser des concurrents ?

— La gloire ? Je ne vous comprends pas. J'aime galoper à toute vitesse dans les prairies mais je ne trouve aucun plaisir à dépasser des concurrents. »

Entre ses dents, l'Anglais grommelle :

« Rien ne séduira donc ce têtu ? »

Kumbo ne le dit pas, mais il pense que le vieux lord a une tête de fer.

Ce dernier insiste encore.

« Je ne veux pas que tu m'abandonnes après un pareil début.

— Vous avez promis, Sir Williams.

— C'est vrai... Une promesse est une promesse ! »

Et le lord continue :

« Je te comprends, tu sais... Je n'ai été qu'une seule fois en Mongolie et ce pays m'a séduit : j'y ai trouvé une façon de vivre simple, sereine, qui n'existe nulle part ailleurs. Mais je vous regretterai, gamin, toi et ton poney noir. Prends-le et va-t'en vite... Emporte aussi ces cinq cents dollars.

— Je ne mérite pas cet argent et je n'en ai aucun besoin, se récrie Kumbo en repoussant la grosse liasse de billets.

— Ton *Va comme le vent* m'a fait gagner une jolie somme en sortant vainqueur de la course : il est juste que je partage avec toi. »

« Que vas-tu faire de tous ces dollars ? a demandé Ta-Hua aussitôt qu'il a vu l'Anglais s'éloigner.

— Te donner ta part d'abord, a répondu Kumbo en lui glissant dans la main deux billets de cinquante dollars.

— C'est trop l'ami, beaucoup trop !

— Je croyais que tu aimais l'argent ?

— Naturellement, mais ta générosité me confond.

— Eh bien, pour le même prix, rends-moi service encore. Je voudrais rapporter un cadeau à chacun de mes amis : guide-moi dans les boutiques.

— Volontiers.

— Et après, en route pour la Mongolie ! Quand donc est le prochain train ?

— Vous pouvez partir ce soir, voyager toute la nuit ou vous embarquer demain matin, ce qui serait moins fatigant.

— Nous partirons ce soir même. »

Kumbo a acheté un fusil pour Gengisser ; il a choisi la plus belle pièce du magasin et comme Ping l'admirait fort :

« A voir tes yeux qui brillent, je suis sûr que tu serais content d'en avoir un aussi.

— Ce serait pratique pour chasser aux alentours de nos champs, a répondu Ping. Je m'en offrirai un avec mes premières économies.

— Pas besoin d'économies, j'ai assez de dollars pour ça.

— Je ne veux pas, Kumbo ! Je te dois tout : la vie, mon honnêteté retrouvée et tu voudrais encore me faire un cadeau...

— Ta, ta, ta... Pourquoi ce grand étranger m'aurait-il donné de l'argent si ce n'était pour faire plaisir à mes amis ? »

Et Ping a eu un fusil presque aussi perfectionné que celui de Gengisser.

« A ton père, qu'achète-t-on ?

— Il rêve d'essayer la culture de fruits, de légumes qu'on ne sème pas d'habitude en Mongolie : notre vallée est si bien exposée. On pourrait lui rapporter des graines. »

Et Ta-Hua leur fait acheter un bel assortiment de graines sélectionnées par les pères du monastère de Chala.

Aïka aura un poignard de fantaisie richement incrusté d'argent ; Fathom et Kurlog aussi : ils l'ont bien mérité, les pauvres, après le tour qu'on leur a joué...

Kumbo achète encore, au grand bazar près de la porte de Ha-Ta-Men, des bébés en celluloïd : les petites Wang aimeront ces belles poupées occidentales avec d'étranges yeux bleus. Puis chez l'Indien qui vend des soieries, le jeune nomade prend une coupe de beau satin prune pour sa bonne mère Assa, une autre de couleur verte pour la mère de Ping et choisit, entre vingt pièces différentes, une soie rose brochée de fleurs de pommiers, si légère, si fraîche qu'il l'admire, tout attendri.

« Mon amie Surong s'y taillera, j'en suis sûr, la plus belle robe qu'elle ait jamais eue ! »

Chargés de tous ces cadeaux, les garçons se rendent à la gare de Shien-Men [1]. Ta-Hua, le débrouillard, glisse la pièce au chef de train et leur obtient la permission de s'installer dans le fourgon loué pour *Va comme le vent*. Kumbo déborde de bonheur et se blottit contre son poney pendant que le train roule vers le nord.

A Jéhol, les deux voyageurs reprennent les

1. Située près de la porte de Shien-Men.

montures qu'ils avaient laissées à l'aller. Ping monte maintenant la Grise et la mule est chargée des présents.

Kumbo ne s'arrête qu'une seule nuit à la ferme, le temps de se reposer et de jouir de l'étonnement des petites filles qui ne savent ce qu'elles doivent le plus admirer : leurs poupées ou le poney noir.

« Tu reviendras ? a demandé Ping au départ.

— Je reviendrai, mon ami, je te le promets. Et j'amènerai Surong avec moi : elle sera contente de jouer avec tes petites sœurs. »

C'est le troisième jour que le jeune Mongol chevauche depuis qu'il a quitté la ferme des Wang. Suivi de la Grise, monté sur son poney noir, il escalade la dernière montagne... Cent mètres de montée encore et il atteindra le plateau, la steppe sans fin, la terre des nomades : sa terre.

Il foule maintenant la prairie ; l'herbe verte est parsemée d'iris bleus et dans le ciel, là-haut, un aigle plane, majestueux.

Kumbo avance... Au loin se dessine la forme pointue de l'obo où il a passé la nuit lors de cette tempête de neige ! Le garçon caresse doucement la crinière de son petit noir.

« Tu m'as sauvé la vie alors. »

Le soleil tombe sur les yourtes quand le cavalier arrive en vue du campement et hume, avec délices, sa bonne odeur de bergerie, de bois brûlé... Là-bas, auprès de la première tente, se dessine

« Tu es revenu, Kumbo ! »

une silhouette familière : c'est Surong qui l'attend comme elle l'avait promis. Kumbo se dresse sur ses étriers et pousse deux cris stridents.

Sa petite amie vient à lui en courant. Il se rapproche et la voit mieux : elle porte une veste de soie rose, une jupe bleue, ses belles bottes aux bouts recourbés et son sourire est aussi frais qu'un joli matin de printemps.

« Surong », murmure-t-il, en arrêtant son cheval en face d'elle.

La fillette joint les mains.

« Tu es revenu, Kumbo !

— Je suis là, explique le garçon, et sa voix s'étrangle parce qu'il se sent ému... J'ai traversé la montagne, visité la famille des Wang, puis je suis allé à Pékin, j'ai rencontré un étranger et, tu vois, je te l'avais dit, j'ai retrouvé *Va comme le vent.* »

Table

« Le petit noir » 11

Il s'appellera « Va comme le vent » 30

La tentative de Ping 47

Durant le long hiver mongol... 66

Un vol vraiment diabolique 89

Embuscade dans la montagne 111

Deux médecines se confrontent 136

« C'est un garçon comme moi » 157

La générosité fait-elle des miracles ? 177

On verra... si la Grise revient 190

Le beau retour en Mongolie 206

Composition réalisée par COMPOFAC - PARIS

IMPRIMÉ EN FRANCE PAR BRODARD ET TAUPIN
7, bd Romain-Rolland - Montrouge - Usine de La Flèche.
LIBRAIRIE GÉNÉRALE FRANÇAISE - 14, rue de l'Ancienne-Comédie - Paris.

ISBN : 2 - 253 - 03348 - 0 42/0170/3